Utilize este código QR para se cadastrar de forma mais rápida:

Ou, se preferir, entre em:
www.moderna.com.br/ac/livroportal
e siga as instruções para ter acesso aos conteúdos exclusivos do
Portal e Livro Digital

CÓDIGO DE ACESSO:

A 00459 BUPMATE1E 4 08990

Faça apenas um cadastro. Ele será válido para:

Da semente ao livro, sustentabilidade por todo o caminho

Plantar florestas
A madeira que serve de matéria-prima para nosso papel vem de plantio renovável, ou seja, não é fruto de desmatamento. Essa prática gera milhares de empregos para agricultores e ajuda a recuperar áreas ambientais degradadas.

Fabricar papel e imprimir livros
Toda a cadeia produtiva do papel, desde a produção de celulose até a encadernação do livro, é certificada, cumprindo padrões internacionais de processamento sustentável e boas práticas ambientais.

Criar conteúdos
Os profissionais envolvidos na elaboração de nossas soluções educacionais buscam uma educação para a vida pautada por curadoria editorial, diversidade de olhares e responsabilidade socioambiental.

Construir projetos de vida
Oferecer uma solução educacional Moderna é um ato de comprometimento com o futuro das novas gerações, possibilitando uma relação de parceria entre escolas e famílias na missão de educar!

Apoio:

Fotografe o Código QR e conheça melhor esse caminho.
Saiba mais em *moderna.com.br/sustentavel*

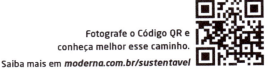

Organizadora: Editora Moderna
Obra coletiva concebida, desenvolvida e produzida pela Editora Moderna.

Editor Executivo:
Fabio Martins de Leonardo

Acompanha este livro:
- **Envelope com jogos e material de apoio**

NOME: ....
....TURMA: ....
ESCOLA: ....
....

1ª edição

© Editora Moderna, 2018

Carolina Maria Toledo
Licenciada em Matemática pela Universidade de São Paulo. Editora.

Daniela Santo Ambrosio
Licenciada em Matemática pela Universidade de São Paulo. Editora.

Débora Pacheco
Mestre em Educação Matemática pela Pontifícia Universidade Católica de São Paulo. Educadora.

Diana Maia
Mestre em Educação Matemática pela Pontifícia Universidade Católica de São Paulo. Editora.

Luciane Lopes Rodrigues
Licenciada em Matemática pela Fundação Santo André. Educadora.

Mara Regina Garcia Gay
Bacharel e licenciada em Matemática pela Pontifícia Universidade Católica de São Paulo. Editora.

Maria Cecília da Silva Veridiano
Licenciada em Matemática pela Universidade de São Paulo. Editora.

Maria Solange da Silva
Mestre em Educação Matemática pela Universidade Santa Úrsula.

Patricia Furtado
Bacharel e licenciada em Matemática pela Pontifícia Universidade Católica de São Paulo e mestre em Ensino da Matemática pela Pontifícia Universidade Católica de São Paulo. Editora.

Renata Martins Fortes Gonçalves
Bacharel em Matemática com Informática pelo Centro Universitário Fundação Santo André, especializada em Gerenciamento de Projetos (MBA) pela Fundação Getulio Vargas e mestre em Educação Matemática pela Pontifícia Universidade Católica de São Paulo. Editora.

Suzana Laino Candido
Mestre em Ensino da Matemática pela Pontifícia Universidade Católica de São Paulo. Educadora.

<u>Jogo de apresentação das *7 atitudes para a vida*</u>
Gustavo Barreto
Formado em Direito pela Pontifícia Universidade Católica (SP). Pós-graduado em Direito Civil pela mesma instituição. Autor dos jogos de tabuleiro (*boardgames*) para o público infantojuvenil: Aero, Tinco, Dark City e Curupaco.

Coordenação editorial: Marisa Martins Sanchez, Carolina Maria Toledo
Edição de texto: Carolina Maria Toledo, Renata Martins Fortes Gonçalves
Assistência editorial: Kátia Tiemy Sido
Gerência de *design* e produção gráfica: Everson de Paula
Coordenação de produção: Patricia Costa
Suporte administrativo editorial: Maria de Lourdes Rodrigues
Coordenação de *design* e projetos visuais: Marta Cerqueira Leite
Projeto gráfico: Daniel Messias, Daniela Sato, Mariza de Souza Porto
Capa: Daniel Messias, Cristiane Calegaro
   Ilustração: Raul Aguiar
Coordenação de arte: Wilson Gazzoni Agostinho
Edição de arte: Estúdio Anexo
Editoração eletrônica: Estúdio Anexo
Ilustrações de vinhetas: Ana Carolina Orsolin, Daniel Messias
Coordenação de revisão: Elaine C. del Nero
Revisão: Nancy H. Dias, Renato Bacci, Roseli Simões
Coordenação de pesquisa iconográfica: Luciano Baneza Gabarron
Pesquisa iconográfica: Carol Böck, Maria Marques, Mariana Alencar
Coordenação de *bureau*: Rubens M. Rodrigues
Tratamento de imagens: Joel Aparecido, Luiz Carlos Costa, Marina M. Buzzinaro
Pré-impressão: Alexandre Petreca, Everton L. de Oliveira, Marcio H. Kamoto, Vitória Sousa
Coordenação de produção industrial: Wendell Monteiro
Impressão e acabamento: Bercrom Gráfica e Editora
Cód: 12112578
Lote: 781.341

Dados Internacionais de Catalogação na Publicação (CIP)
(Câmara Brasileira do Livro, SP, Brasil)

Buriti Plus Matemática / organizadora Editora Moderna ; obra coletiva concebida, desenvolvida e produzida pela Editora Moderna. — 1. ed. — São Paulo : Moderna, 2018. — (Projeto Buriti)

Obra em 5 v. para alunos do 1º ao 5º ano.

1. Matemática (Ensino fundamental) I. Série.

18-16350   CDD-372.7

Índices para catálogo sistemático:
1. Matemática : Ensino fundamental   372.7

Maria Alice Ferreira – Bibliotecária – CRB-8/7964

ISBN 978-85-16-11257-8 (LA)
ISBN 978-85-16-11258-5 (GR)

Reprodução proibida. Art. 184 do Código Penal e Lei 9.610 de 19 de fevereiro de 1998.
Todos os direitos reservados
EDITORA MODERNA LTDA.
Rua Padre Adelino, 758 – Belenzinho
São Paulo – SP – Brasil – CEP 03303-904
Vendas e Atendimento: Tel. (0_ _11) 2602-5510
Fax (0_ _11) 2790-1501
www.moderna.com.br
2023
Impresso no Brasil

1 3 5 7 9 10 8 6 4 2

Que tal começar o ano conhecendo seu livro?

Veja nas páginas 6 a 9 como ele está organizado.

Nas páginas 10 e 11, você fica sabendo os assuntos que vai estudar.

Neste ano, também vai conhecer e colocar em ação algumas atitudes que ajudarão você a conviver melhor com as pessoas e a solucionar problemas.

7 atitudes para a vida

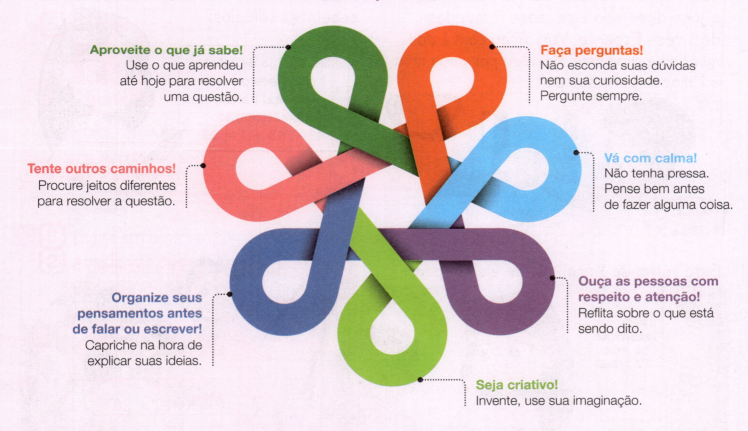

Aproveite o que já sabe!
Use o que aprendeu até hoje para resolver uma questão.

Faça perguntas!
Não esconda suas dúvidas nem sua curiosidade. Pergunte sempre.

Tente outros caminhos!
Procure jeitos diferentes para resolver a questão.

Vá com calma!
Não tenha pressa. Pense bem antes de fazer alguma coisa.

Organize seus pensamentos antes de falar ou escrever!
Capriche na hora de explicar suas ideias.

Ouça as pessoas com respeito e atenção!
Reflita sobre o que está sendo dito.

Seja criativo!
Invente, use sua imaginação.

Nas páginas 4 e 5, há uma atividade desafiadora para você começar a praticar cada uma dessas atitudes. Divirta-se!

Leia a história e, depois, faça o que se pede.

O SUMIÇO DO 1 REAL

Yuri quer comprar um jogo de *videogame* que custa 97 reais.

Catarina, a mãe dele, lhe emprestou uma cédula de 50 reais; e Tiago, o pai, também lhe emprestou uma cédula de 50 reais.

Com a quantia recebida, Yuri comprou o jogo desejado e recebeu 3 moedas de 1 real. Esperto, Yuri ficou com 1 das moedas e devolveu 1 moeda para sua mãe e 1 moeda para seu pai.

Malu, a irmã de Yuri, ao ver isso, fez os seguintes cálculos:

Se Yuri já devolveu 1 real para o papai e 1 real para a mamãe, então: 49 + 49 + 1 = 99

Está faltando 1 real? Onde ele foi parar?

1. Compreenda o problema.

   a) Qual é a pergunta?
   _____

   b) Quais dados o problema apresenta?
   _____
   _____
   _____
   _____

2. Pense no problema e escreva o que deve ser feito.
   _____
   _____
   _____

3. Calcule.

4. Comprove.

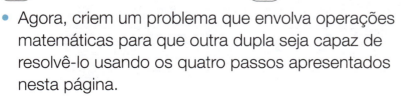

Yuri tem	Yuri deve aos pais
100 reais	50 reais + 50 reais
🎮 + 3	50 reais + 50 reais
🎮 + 1	49 reais + 49 reais

▸ Yuri recebeu 100 reais emprestados.

▸ Yuri comprou o jogo e recebeu 3 reais de troco.

▸ Yuri tem um jogo e 1 real. Ele devolveu 1 real para seu pai e 1 real para sua mãe (por isso deve 49 reais para cada um). Logo, a igualdade 97 + 1 = 49 + 49 é verdadeira.

Os cálculos que Malu fez estão corretos? Assinale a resposta verdadeira.

☐ Falta 1 real.   ☐ Não falta 1 real.

- Agora, criem um problema que envolva operações matemáticas para que outra dupla seja capaz de resolvê-lo usando os quatro passos apresentados nesta página.

Ouça as pessoas com respeito e atenção!
Preste bastante atenção às orientações do professor e ouça as dúvidas dos colegas. Elas vão ajudá-lo a compreender o problema.

Vá com calma!
Leia a história novamente para compreender o problema.

Organize seus pensamentos!
Leia os dados que você anotou. Depois, preste atenção em um de cada vez.

Faça perguntas!
Se tiver dúvida sobre os cálculos de Malu, pergunte ao professor ou aos colegas.

Aproveite o que já sabe!
Faça os cálculos de quanto Yuri tem e de quanto ele deve aos pais.

Tente outros caminhos!
Talvez você precise mudar algum número de lugar para conseguir uma igualdade.

Seja criativo!
Pense em um problema que você já tenha enfrentado ao comprar algo ou ao dividir alguma quantia entre mais de 2 pessoas.

cinco 5

Conheça seu livro

"Olá! Somos a família Silva. Meu nome é Sidney e o da minha esposa é Rosa."

"Nossos filhos são a Ana e o Júlio."

Abertura da Unidade

Cenas coloridas e divertidas nas quais você deverá procurar as personagens e achar os objetos escondidos.

"Nós 4 da família Silva estaremos presentes nas aberturas das 8 unidades do livro."

"Além de nos procurar, você também deverá encontrar 2 objetos escondidos em cada abertura."

"Estes são os objetos que estarão escondidos em cada uma das 8 aberturas."

Neste livro, você vai encontrar alguns jogos que ajudam a aprender Matemática brincando.

Vamos jogar?

Os jogos podem facilitar e deixar a aprendizagem da Matemática mais divertida.

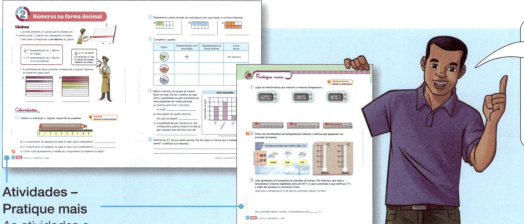

Você deve fazer todas as atividades e resolver os problemas, pois eles ajudam a verificar o que você aprendeu.

Atividades – Pratique mais

As atividades e os problemas são importantes na aprendizagem e no aprofundamento de assuntos que você aprendeu.

São problemas interessantes para você refletir sobre suas resoluções.

Compreender problemas

Esta seção foi criada para você resolver problemas e refletir sobre a resolução de cada um.

A maneira como se organizam as informações nos ajuda a interpretá-las.

Compreender informações

Você vai aprender que as informações podem ser representadas de diferentes modos, como em tabelas ou em gráficos.

A Matemática me ajuda a ser...

Nesta seção, a Matemática levará você a refletir sobre vários assuntos que contribuirão para sua formação cidadã.

Matemática em textos

Esta seção vai ajudar você a compreender melhor os textos com dados matemáticos.

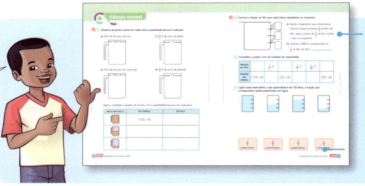

Cálculo mental

Para você desenvolver habilidades de cálculo.

O que você aprendeu

Nesta seção, você vai resolver atividades para rever o que estudou e resolver um *Quebra-cuca* desafiador.

Sumário

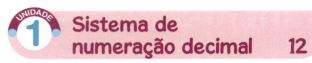

UNIDADE 1 — Sistema de numeração decimal — 12

Tema 1 • Números
- Sistema de numeração indo-arábico 14
- Valor posicional 16
- Pratique mais 18
- A Matemática me ajuda a ser... 20
- Sistema de numeração romano 22

Tema 2 • Mais números
- Dezena de milhar 24
- Números de cinco algarismos 26
- Compreender informações 28
- Comparações 30
- Arredondamentos 32
- Pratique mais 34
- Cálculo mental 35
- O que você aprendeu 36

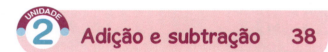

UNIDADE 2 — Adição e subtração — 38

Tema 1 • Estratégias de cálculo
- Cálculo mental 40
- Aproximações e estimativas 42
- Cálculo por decomposição 44
- Vamos jogar? 46
- Adição com reagrupamento 48
- Subtração com reagrupamento 50

Tema 2 • Propriedades e relações
- Termos da adição e termos da subtração 52
- Propriedades da adição 53
- A Matemática me ajuda a ser... 56
- Adição e subtração: operações inversas 58
- Propriedades da igualdade 61
- Compreender problemas 64
- Compreender informações 66
- Pratique mais 68
- Cálculo mental 69
- O que você aprendeu 70

UNIDADE 3 — Geometria — 72

Tema 1 • Figuras geométricas não planas
- Planificações 74
- Vértices, faces e arestas 76
- Representando figuras geométricas 78

Tema 2 • Ângulos e polígonos
- Ideia de ângulos – giros 80
- Ângulo reto, ângulo agudo e ângulo obtuso 82
- Polígonos 85
- Vamos jogar? 88
- Matemática em textos 90
- Compreender informações 92
- Cálculo mental 94
- O que você aprendeu 96

UNIDADE 4 — Multiplicação e divisão — 98

Tema 1 • Multiplicação
- Situações de multiplicação 100
- Propriedades da multiplicação 103
- Vezes 10, vezes 100 e vezes 1 000 106
- Vezes 20, vezes 30, vezes 40... 107
- Multiplicação na reta numérica 108
- Algoritmos da multiplicação 110
- Multiplicação com fatores com mais de um algarismo 112
- Compreender problemas 114
- Compreender informações 116
- Pratique mais 118

Tema 2 • Divisão
- Situações de divisão 120
- Divisão exata e não exata 122
- Algoritmos da divisão 123
- Estimativas 126
- Relação entre multiplicação e divisão 128
- Divisor com dois algarismos 130
- Vamos jogar? 132
- Matemática em textos 134
- Pratique mais 136
- Cálculo mental 138
- O que você aprendeu 140

UNIDADE 5 • Grandezas e medidas — 142

Tema 1 • Medidas de comprimento
- Metro, centímetro e milímetro 144
- Quilômetro e metro 146
- Perímetro de uma figura 148
- Pratique mais 150

Tema 2 • Medida de superfície
- Ideia de área 152
- Área de figuras planas 154
- Centímetro quadrado 156
- A Matemática me ajuda a ser... 158
- Compreender informações 160

Tema 3 • Medidas de temperatura
- Grau Celsius 162
- Temperatura máxima e temperatura mínima 164
- Compreender problemas 166
- Pratique mais 168
- Cálculo mental 169
- O que você aprendeu 170

UNIDADE 6 • Frações e números na forma decimal — 172

Tema 1 • Frações
- Que números são estes? 174
- Parte e todo 178
- Frações e medidas 180
- Compreender problemas 182
- Matemática em textos 184
- Comparação de quantidades expressas por frações 186
- Adição e subtração com frações 188

Tema 2 • Números na forma decimal
- Décimos 192
- Centésimos 194
- O sistema de numeração e a forma decimal 196
- Centavos de real 198
- Medições 200
- Comparação e ordenação 202
- Adição 204
- Subtração 206
- Calculadora 208
- Compreender informações 210
- Cálculo mental 212
- O que você aprendeu 214

UNIDADE 7 • Mais grandezas e medidas — 216

Tema 1 • Medidas de tempo
- Dia, hora e minuto 218
- Hora, meia hora e um quarto de hora 220
- Minuto e segundo 222
- Milênio, século, década e ano 224

Tema 2 • Medidas de massa
- Tonelada, quilograma e grama 226
- Grama e miligrama 228
- A Matemática me ajuda a ser... 230

Tema 3 • Medidas de capacidade
- Litro e mililitro 232
- Compreender problemas 234
- Compreender informações 236
- Cálculo mental 238
- O que você aprendeu 240

UNIDADE 8 • Mais Geometria — 242

Tema 1 • Localização e movimentação
- Malha quadriculada 244
- Segmento de reta, reta e semirreta 246
- Retas paralelas e retas concorrentes 248
- Retas perpendiculares 250

Tema 2 • Simetria
- Figuras que têm simetria 252
- Simetria na malha quadriculada 255
- Simétrica de uma figura 258
- Mosaicos 261
- Matemática em textos 264
- Compreender informações 266
- Pratique mais 268
- Cálculo mental 269
- O que você aprendeu 270

Para começar...

Ao observar o preço da água, você pode concluir que o valor dela equivale à terça parte ou à metade do valor do suco?

Para refletir...

Qual é o valor posicional do algarismo 7 nos números 1 927 e 7 291?

TEMA 1. Números

Sistema de numeração indo-arábico

O sistema de numeração que utilizamos é chamado **indo-arábico**. Ele tem esse nome porque foi desenvolvido pelos antigos **indianos** (povos que habitavam o vale do Rio Indo, onde hoje se localiza um país chamado Paquistão) e divulgado para o resto do mundo pelos **árabes**.

- Para representar os números nesse sistema, são usados 10 símbolos, chamados algarismos. Acredita-se que esse nome tenha sido dado em homenagem ao matemático árabe Abu Ja'far Muhammad ibn Musa Al-Khowarizmi.

Os algarismos sofreram modificações ao longo do tempo, até ficarem com a aparência atual.

Os símbolos do sistema de numeração indo-arábico que chamamos de algarismos ou dígitos são:

0   1   2   3   ▢   ▢   ▢   ▢   ▢   ▢ .

Com esses símbolos, representamos qualquer número.

- O sistema de numeração indo-arábico é um sistema decimal, ou seja, os agrupamentos são feitos de **10** em **10**.

Veja abaixo, representados com o Material Dourado, alguns agrupamentos de 10 em 10 que fazemos no sistema de numeração indo-arábico.

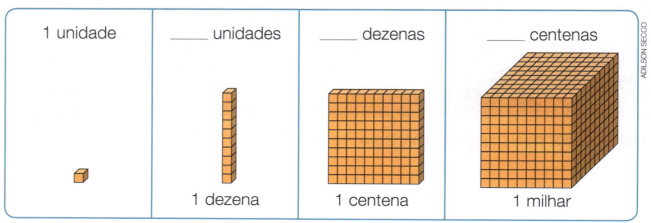

1 unidade	___ unidades	___ dezenas	___ centenas
	1 dezena	1 centena	1 milhar

14 catorze

Atividades

1 Responda às questões.

a) Qual é o maior número de um algarismo? _____

b) Qual é o menor número de dois algarismos? _____

c) Que números de dois algarismos podemos formar com os algarismos 1 e 8?
_____

d) Qual é o maior número de três algarismos? _____

e) Qual é o menor número de quatro algarismos? _____

2 Responda às questões fazendo o cálculo mentalmente.

a) Quantas moedas de  formam ____ ? _____

b)  podem ser trocadas por quantas cédulas de 10 reais?
_____

c)  podem ser trocadas por quantas moedas de 1 real?
_____

d) Quantas cédulas de  formam 1000 reais?
_____

3 Lúcia vende chaveiros.

a) Se Lúcia fizer pacotes com 1 centena de chaveiros, quantos pacotes ela fará com a quantidade de chaveiros mostrada ao lado? _____

b) E se os pacotes que Lúcia fizer tiverem 1 dezena de chaveiros, quantos pacotes ela fará com esses mesmos chaveiros? _____

quinze 15

Valor posicional

Observe o número de quatro algarismos que cada criança escreveu e faça o que se pede.

- Qual é o valor posicional de cada algarismo do número que André escreveu? Lembre que **UM** representa unidades de milhar, **C**, centenas, **D**, dezenas e **U**, unidades.

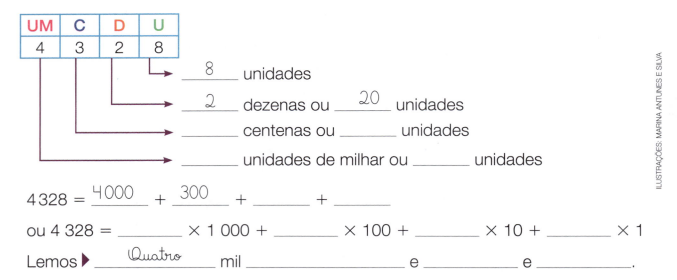

UM	C	D	U
4	3	2	8

→ __8__ unidades
→ __2__ dezenas ou __20__ unidades
→ _____ centenas ou _____ unidades
→ _____ unidades de milhar ou _____ unidades

4 328 = __4000__ + __300__ + _____ + _____

ou 4 328 = _____ × 1 000 + _____ × 100 + _____ × 10 + _____ × 1

Lemos ▶ __Quatro__ mil _____ e _____ e _____.

- Qual é o valor posicional de cada algarismo do número que Clara escreveu?

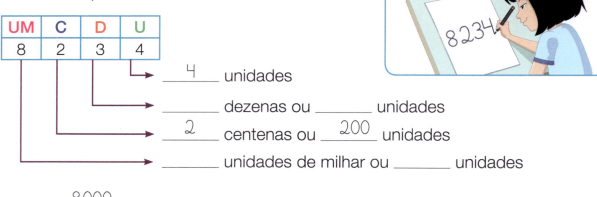

UM	C	D	U
8	2	3	4

→ __4__ unidades
→ _____ dezenas ou _____ unidades
→ __2__ centenas ou __200__ unidades
→ _____ unidades de milhar ou _____ unidades

8 234 = __8000__ + _____ + _____ + _____

ou 8 234 = _____ × 1 000 + _____ × 100 + _____ × 10 + _____ × 1

Lemos ▶ __Oito__ mil _____ e _____ e _____.

- Os algarismos do número que Clara escreveu têm o mesmo valor posicional no número de André? Escreva como você pensou para responder.

_____

_____

Atividades

1 Decomponha os números adicionando o valor posicional de cada algarismo.

a) 543 = __500__ + __40__ + __3__

b) 2 489 = _____ + _____ + _____ + _____

c) 5 847 = _____ + _____ + _____ + _____

d) 8 166 = _____ + _____ + _____ + _____

2 Escreva o valor posicional de cada algarismo 3 no número e complete.

3 3 3 3

→ __3__ unidades

→ _____ dezenas ou _____ unidades

→ _____ centenas ou _____ unidades

→ _____ unidades de milhar ou _____ unidades

3 Escreva o número representado em cada ábaco. Depois, escreva por extenso o valor posicional do algarismo 4 em cada número.

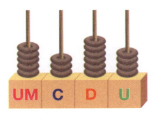 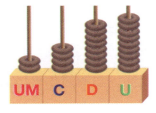 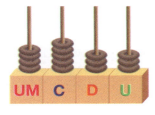

___ ___ ___ ___   ___ ___ ___ ___   ___ ___ ___ ___

_____   _____   _____

4 Vinícius prendeu sua bicicleta com um cadeado que tem uma senha de 4 algarismos. Ele lembra que:

- o algarismo das centenas é o 4;
- os outros 3 algarismos são o 2, o 5 e o 8.

Mas Vinícius não sabe qual é a ordem correta em que esses algarismos aparecem. Então, ajude Vinícius e escreva todas as possíveis senhas do cadeado.

_____

_____

dezessete 17

Pratique mais

1 Observe o dinheiro de Daniel e, depois, responda às questões.

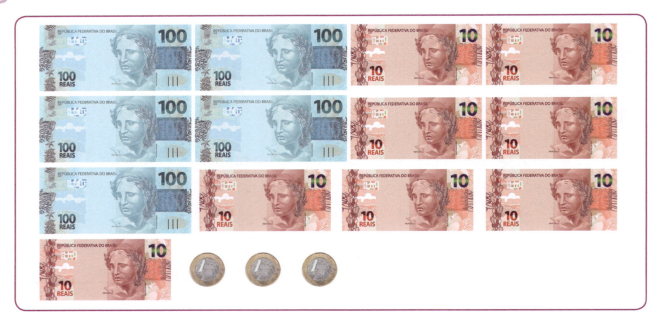

a) Quantos reais Daniel tem? _____

b) Como se lê essa quantia? _____

c) Faça a decomposição do número que representa essa quantia, considerando a quantidade de cédulas.

583 = __5__ × 100 + _____ × 10 + _____ × 1

2 Observe os números nos quadros abaixo e classifique cada frase em **V** (verdadeira) ou **F** (falsa).

| A | 1 783 | | B | 871 | | C | 7 318 | | D | 8 731 |

☐ O valor do algarismo 7 no quadro A é setenta.

☐ O número do quadro D é o maior de todos.

☐ Ao decompor o número do quadro C, obtemos 7 × 100 + 3 × 10 + 18 × 1.

☐ O valor do algarismo 8 no quadro B é 8 centenas.

18 dezoito

3 Observe o número da placa ao lado e responda à questão.
Se escrevermos o algarismo 2 à esquerda do 4, o número aumentará em quantas unidades?

_____

4 Natália jogou 3 dados e, ordenando os valores obtidos, formou o maior número possível de 3 algarismos. Na sua vez, Carina fez a mesma coisa. Depois, elas compararam os números. Quem formou o maior número? Justifique.

Jogada de Natália

Jogada de Carina

_____

5 Componha cada número escrevendo-o com algarismos e por extenso.

Número decomposto	Com algarismos	Por extenso
$2 \times 1\,000 + 7 \times 100 + 3 \times 1$		
$4\,000 + 200 + 8$		
$9 \times 1\,000 + 1 \times 100 + 6 \times 10$		
$2\,000 + 30 + 5$		

6 Digite em uma calculadora o número formado por 3 unidades de milhar, 2 centenas, 4 dezenas e 1 unidade. Em seguida, aperte a tecla ▭ e digite o menor número possível formado pelos algarismos 4, 3, 2 e 1.

a) Os algarismos que você digitou no primeiro número são diferentes dos algarismos que você digitou no segundo número? O que muda de um número para o outro?

_____

_____

b) Qual é o resultado dessa subtração? _____

c) Quantas centenas e quantas dezenas há nesse número? Converse com um colega sobre isso.

A Matemática me ajuda a ser...

... um conhecedor de outra língua

Você já deve ter visto algumas pessoas se comunicando por meio de sinais com as mãos. Você sabe o que são esses sinais? Eles representam uma língua.

A Língua Brasileira de Sinais (Libras) é usada por alguns surdos do Brasil. Diferentemente de idiomas que são orais e auditivos, a Libras é visual e gestual, ou seja, uma língua pronunciada pelo corpo e interpretada pela visão.

Conheça o alfabeto da Libras.

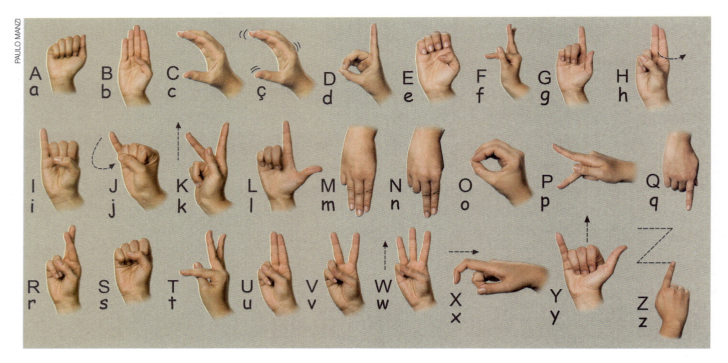

Os algarismos também podem ser representados na Libras.

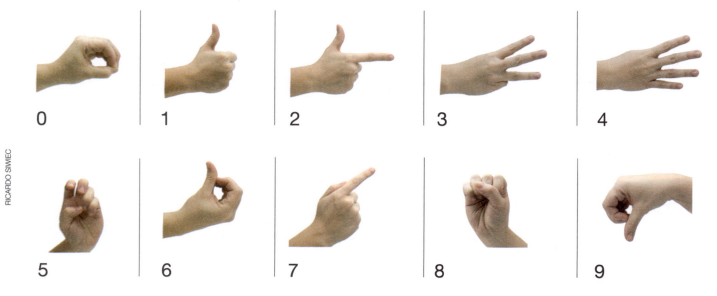

Tome nota

Para traduzir os números expressos em Libras com os algarismos do sistema de numeração indo-arábico, basta escrever os algarismos na ordem em que eles aparecem. Anote os números que estão representados em cada caso.

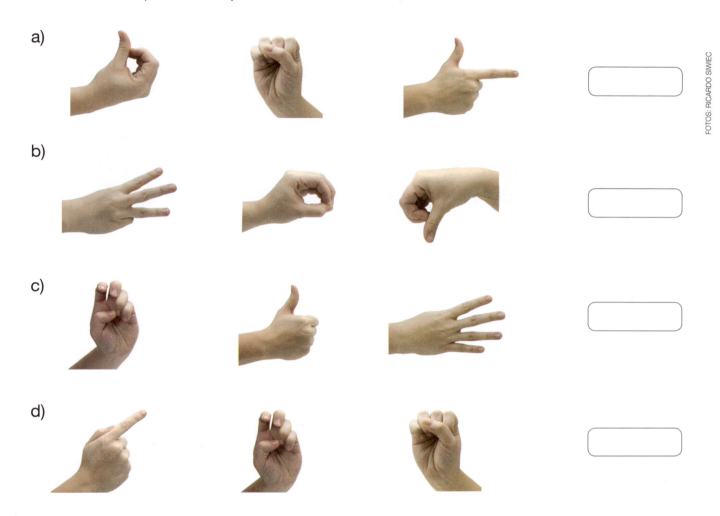

a)

b)

c)

d)

Reflita

1. Você já tinha ouvido falar sobre a Libras? Conhece alguém que sabe usá-la?

2. Além do alfabeto e dos algarismos, na Libras existem gestos para expressar palavras. Como você acha que é representada a palavra "amigo" na Libras? E a palavra "matemática"?

3. Reúna-se com um colega e pesquisem como são representadas algumas palavras na Libras. Depois, tentem se comunicar por meio dos gestos que vocês aprenderam.

vinte e um

Sistema de numeração romano

Para representar os números romanos, usamos 7 letras.

I	V	X	L	C	D	M
1	5	10	50	100	500	1 000

Os números romanos podem ser observados em diversos contextos.

Rua Pio XII
Rudge Ramos

Para escrever os números romanos, combinamos as letras seguindo algumas regras:

- Se a letra da esquerda tem valor igual ou maior que o valor da letra da direita, fazemos uma **adição** de valores.

VI	5 + ___1___ = _____
XV	10 + ___5___ = _____
CXII	100 + ___10___ + _____ = _____
MD	1 000 + ___500___ = _____

- As letras I, X, C e M podem ser repetidas, seguidamente, até três vezes.

II	1 + ___1___ = _____
XX	10 + ___10___ = _____
CCC	100 + ___100___ + _____ = _____
MM	1 000 + ___1000___ = _____

- Se a letra da esquerda tem valor menor que o da letra da direita, fazemos uma **subtração** de valores. Isso ocorre quando:
  I aparece antes de V ou de X;
  X aparece antes de L ou de C;
  C aparece antes de D ou de M.

IV	5 − ___1___ = _____
XL	50 − ___10___ = _____
CM	1 000 − ___100___ = _____

vinte e dois

Atividades

1. Escreva como se lê em cada relógio o horário no período da manhã.

a) 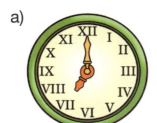   b) 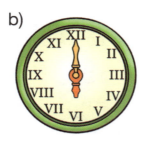   c) 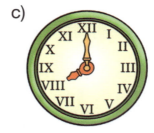   d)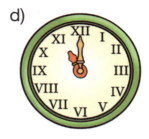

2. Em alguns livros, os capítulos são numerados utilizando o sistema de numeração romano. Escreva com algarismos os números dos capítulos abaixo.

3. Complete a sequência de números romanos que aumentam de uma em uma unidade.

	XVI	XVII					XXII

4. Veja como Emília calculou o resultado de 7 + 4 escrevendo os números no sistema de numeração romano e, em seguida, responda.

a) A adição está correta? Se não está, qual é o resultado correto dessa adição?

 b) Explique como Emília pode ter raciocinado para chegar ao resultado 13.

TEMA 2. Mais números

Dezena de milhar

Na fábrica Radical, os *pen drives* produzidos são colocados em uma caixa. Em cada caixa há 1 000 unidades.

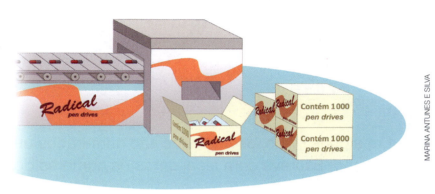

a) Em 2 caixas, há quantos *pen drives*? E em 3 caixas?

_____

_____

b) Em quantas caixas serão distribuídos igualmente 9 000 *pen drives*? _____

c) Em 10 dessas caixas, há quantos *pen drives*? _____

| 1 dezena de milhar | ou | dez mil | ou | 10 000 unidades |

Atividades

1 Escreva a quantidade que falta para completar 10 000 unidades (uma dezena de milhar) em cada caso.

a) 9 000 folhas de sulfite.

c) 9 990 livros.

b) 9 999 CDs.

d) 9 900 canetas.

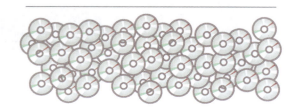

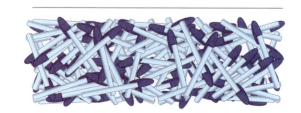

24 vinte e quatro

2 Complete a sequência numérica e, em seguida, faça o que se pede.

| 20 000 | | 40 000 | 50 000 | | 70 000 | | |

a) Escreva como lemos o último número dessa sequência: _____

b) O penúltimo número dessa sequência corresponde a _____ dezenas de milhar.

3 Observe o extrato bancário da empresa de Ana e responda às questões.

a) Após conferir o saldo no extrato, Ana gastou vinte mil reais da conta bancária de sua empresa pagando a compra de móveis para o escritório. Com quantos reais a conta da empresa ficou?

_____

b) Em seguida, Ana depositou um cheque no valor de R$ 30 000,00. Qual passou a ser o saldo da conta da empresa de Ana?

_____

```
BANCO INVEST        EXTRATO CONTA-CORRENTE
AGÊNCIA 0333        DATA 22/02/2019        HORA 15:32:53
CONTA 33333-3
TIPO EMPRESA

DIA   HISTÓRICO              ORIG         VALOR
16    SALDO ANTERIOR         16/01        14.475,93
----- FEVEREIRO/2019 --------------------------------
22    DEPÓSITO                            15.524,07

22    SALDO                               30.000,00
```

4 Complete o quadro com o resultado de cada adição e subtração.

	− 10 000	+ 10 000
40 000	30 000	50 000
50 000		
60 000		
70 000		
80 000		

vinte e cinco

Números de cinco algarismos

No *site* da revista eletrônica XYZ, há uma informação sobre a quantidade de visitantes por dia.

- Complete a decomposição deste número.

DM	UM	C	D	U
1	2	5	9	8

(DM indica dezenas de milhar)

→ __8__ unidades

→ __9__ dezenas ou _____ unidades

→ _____ centenas ou _____ unidades

→ _____ unidades de milhar ou _____ unidades

→ _____ dezena de milhar ou _____ unidades

12 598 = _____ + _____ + _____ + _____ + _____

ou 12 598 = _____ × 10 000 + _____ × 1 000 + _____ × 100 + _____ × 10 + _____ × 1

Lemos ▶ _____

- O *site* de uma revista concorrente foi visitado em um mesmo dia por 3 dezenas de milhar, 4 unidades de milhar, 5 centenas e 12 unidades de pessoas. Escreva esse número com algarismos e, depois, registre o valor posicional de seu algarismo 3.

Atividades

1) Escreva com algarismos e por extenso o número que está representado em cada ábaco.

a)

b)

c)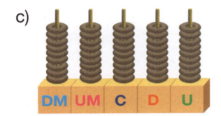

2) Observe quantas unidades vale cada ficha.

 dez mil   mil   cem   dez   um

- Agora, escreva o número que representa o valor total das fichas a seguir.

3) Isadora, Alessandra e Gabriela foram até a lousa escrever o número noventa mil trezentos e quarenta e dois.

Qual delas o escreveu corretamente?

vinte e sete 27

Compreender informações

Ler e interpretar informações em tabelas

1 A escola Mente e Corpo incentiva seus alunos a praticar atletismo e ginástica. Observe o registro que a escola fez da quantidade de alunos praticantes dessas duas modalidades esportivas nos últimos anos.

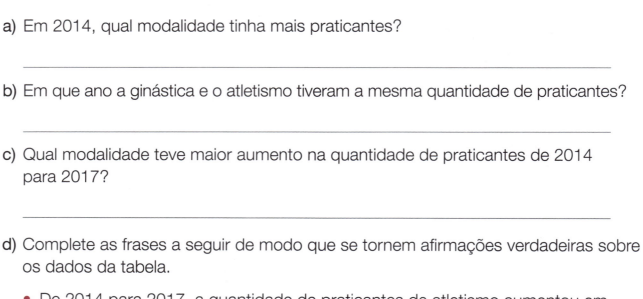

Quantidade de alunos praticantes de modalidades esportivas (2014-2017)

Ano	Praticantes de atletismo	Praticantes de ginástica
2014	200	100
2015	300	200
2016	500	300
2017	600	600

Fonte: Escola Mente e Corpo. (jan. 2018).

a) Em 2014, qual modalidade tinha mais praticantes?

_____

b) Em que ano a ginástica e o atletismo tiveram a mesma quantidade de praticantes?

_____

c) Qual modalidade teve maior aumento na quantidade de praticantes de 2014 para 2017?

_____

d) Complete as frases a seguir de modo que se tornem afirmações verdadeiras sobre os dados da tabela.

- De 2014 para 2017, a quantidade de praticantes de atletismo aumentou em _____ praticantes.

- Tanto a quantidade de praticantes de atletismo quanto a de praticantes de ginástica sempre _____ de um ano para outro.

- Somente em 2017 a quantidade de praticantes de ginástica se _____ à quantidade de praticantes de atletismo.

- Em 2014, a quantidade de praticantes de atletismo era _____ da quantidade de praticantes de ginástica.

2 No centro médico Cidade Alegre, é feito um controle semestral da quantidade de consultas médicas nas diferentes especialidades. As informações sobre os atendimentos de 2018, nas especialidades de ortopedia, cardiologia e oftalmologia, estão na tabela a seguir.

Quantidade de consultas médicas em 2018

Especialidade \ Quantidade de consultas	1º semestre	2º semestre
Ortopedia	5 000	4 000
Cardiologia	5 000	8 000
Oftalmologia	12 000	12 000

Fonte: Centro médico Cidade Alegre.

a) Que especialidade teve aumento de consultas entre o 1º e o 2º semestres? E qual teve diminuição?

_____

b) Que especialidade se manteve estável na quantidade de consultas nesse período?

_____

c) Quantas consultas foram realizadas, nessas especialidades, no ano de 2018?

_____

d) Em qual dessas especialidades a quantidade de médicos especialistas deve ser maior? Por quê?

_____

e) Na sua opinião, a quantidade de médicos especialistas em ortopedia deve ser maior ou menor que a quantidade de médicos especialistas em cardiologia? Por quê?

_____

f) Escreva três afirmações que possam ser feitas em relação às informações contidas nessa tabela.

_____

_____

_____

vinte e nove

Comparações

Veja o esquema que Janaína fez para mostrar que 30 056 é menor que 31 120 e complete.

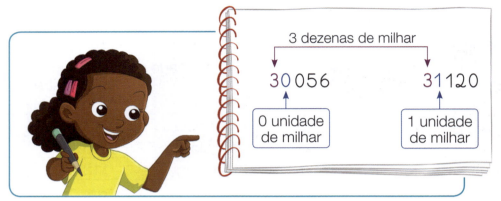

Para saber qual é o número maior, Janaína comparou as ordens desses números. Os dois números são da ordem de grandeza _dezena de milhar_.

- Primeiro, Janaína comparou as dezenas de milhar.

  Tanto **3**0 056 como **3**1 120 têm _____ dezenas de milhar.

- Então, ela comparou as unidades de milhar.

  3**0** 056 tem _____ unidade de milhar, e 3**1** 120 tem _____ unidade de milhar.

  Como zero unidade de milhar é menor que uma unidade de milhar, é possível concluir que 30 056 é _____ que 31 120.

Atividades

1 Complete com > (maior que) ou < (menor que).

a) 10 000 _____ 1 000

b) 13 401 _____ 13 291

c) 51 999 _____ 60 199

d) 24 009 _____ 24 100

e) 63 091 _____ 63 121

f) 21 212 _____ 21 211

g) 9 872 _____ 12 356

h) 94 789 _____ 96 234

2 Observe o gráfico e depois responda às questões.

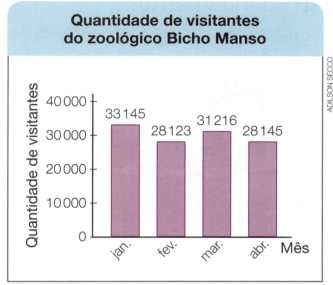

Quantidade de visitantes do zoológico Bicho Manso

Fonte: Zoológico Bicho Manso (1º quadrimestre de 2017).

a) Carla foi ao zoológico Bicho Manso no mês mais movimentado dos primeiros quatro meses de 2017. Que mês foi esse?

_____

b) No mês de maio, o zoológico foi visitado por 28 101 pessoas. Esse mês foi mais ou menos movimentado que os quatro meses anteriores?

_____

c) Escreva em ordem crescente a quantidade de visitantes dos meses de janeiro a abril de 2017.

_____

3 Observe a tabela com a população estimada de alguns municípios do Brasil em 2017 e, depois, responda às questões.

População estimada de alguns municípios (2017)

Município (UF)	População
Goiatuba (GO)	34 312
Barra (BA)	54 915
Eirunepé (AM)	34 888
Tupanciretã (RS)	23 705

Fonte: Dados obtidos no *Diário Oficial da União* – Seção 1, n. 167, de 30 de agosto de 2017, p. 58, 59, 61 e 72.

Fonte: Elaborado com base em: *Atlas geográfico escolar*. 6. ed. Rio de Janeiro: IBGE, 2012. p. 90.

a) Qual desses municípios tem a maior população? E qual tem a menor?

_____

_____

b) Qual desses municípios tem, aproximadamente, a metade da população de Barra?

_____

c) Crie uma questão que possa ser respondida com os dados dessa tabela. Depois, peça a um colega que a responda.

Arredondamentos

Observe a remuneração quinzenal de algumas pessoas e a representação aproximada de cada valor em uma reta numérica.

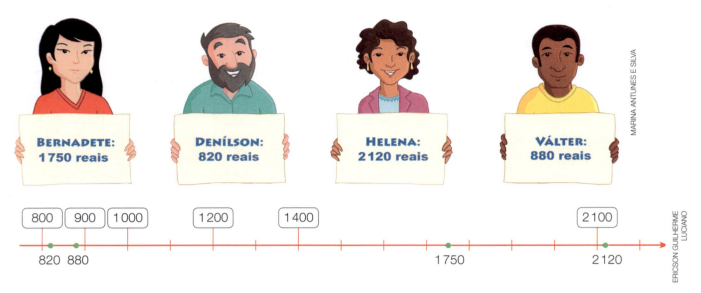

a) Qual dessas pessoas tem a remuneração mais próxima de 800 reais?

E de 900 reais? _____

- O arredondamento do número 820 para a centena mais próxima é ____800____.

- E o arredondamento do número 880 para a centena mais próxima é _____.

b) Qual dessas pessoas tem a remuneração mais próxima de 2 000 reais?

_____

- O arredondamento de 1 750 para a unidade de milhar mais próxima é _____.

- O arredondamento de 2 120 para a unidade de milhar mais próxima é _____.

Atividades

1. O quadro abaixo mostra a quantidade de parafusos produzidos por uma fábrica durante três dias.

Segunda-feira	Terça-feira	Quarta-feira
1 820	2 090	5 345

Podemos dizer que, nesses três dias, o total de parafusos produzidos foi de aproximadamente 9 000 unidades? Converse sobre isso com o professor e os colegas.

2 Localize de modo aproximado os números na reta numérica e responda.

a) 23 035 e 28 653

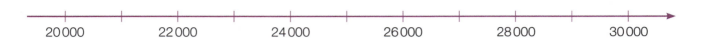

- Qual é o arredondamento de cada um desses números para a dezena de milhar mais próxima?

  23 035 ▶ _____ 28 653 ▶ _____

b) 1 101 e 4 260

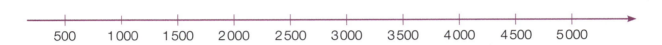

- Qual é o arredondamento de cada um desses números para a unidade de milhar mais próxima?

  1 101 ▶ _____ 4 260 ▶ _____

3 Complete o quadro com os arredondamentos pedidos.

Número	Para a dezena de milhar mais próxima	Para a unidade de milhar mais próxima
23 345		
78 432		
51 759		
38 450		
56 289		

4 Descubra qual destes números é o mais próximo de 15 000.

15 300   14 800   15 008   15 080

- Agora, explique para um colega como você pensou para chegar à resposta.

trinta e três 33

Pratique mais

1 Observe os números. Marque com um **X** a posição do algarismo 5 em cada um e escreva seu valor posicional.

Número	DM	UM	C	D	U	Valor posicional
5 8 217						
8 5 046						
7 0 41 5						
91 5 26						
89 8 5 3						
3 5 702						

2 Leia cada número e complete.

a) 61 061

Como lemos ▶ _____

DM	UM	C	D	U

61 061 = _____

b) 61 610

Como lemos ▶ _____

DM	UM	C	D	U

61 610 = _____

3 Horácio precisa comprar um par de tênis novos e tem 400 reais. Veja as opções de tênis de que Horácio gostou e oriente-o nessa compra.

189 reais

399 reais

149 reais

É preciso analisar mais do que números para orientar Horácio na compra dos tênis. O que você poderia **perguntar** a ele?

34 trinta e quatro

Cálculo mental

1 Localize de forma aproximada os números na reta numérica.

a) 485 e 550

b) 987 e 875

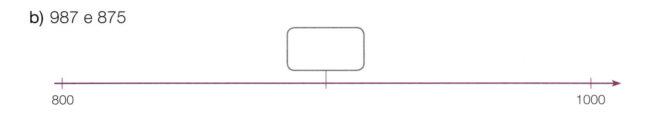

c) 694 e 748

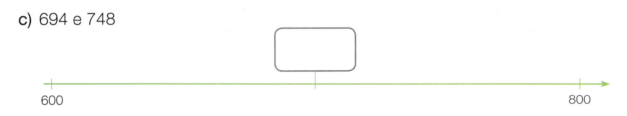

d) 874 e 924

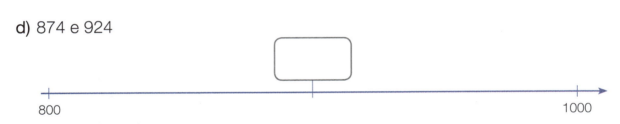

2 Arredonde cada número para a centena mais próxima e encontre o resultado de cada operação indicada no quadro.

Operação	Operação com os números arredondados	Resultado aproximado
702 + 214 + 197 + 399	700 + 200 + ____ + ____	
603 − 219 − 113 − 99		
480 + 85 + 125 + 287		

trinta e cinco 35

O que você aprendeu

Jogo Números

1. Uma decomposição do número 62 419 é:

   a) ☐ 6 × 10 000 + 2 × 1 000 + 4 × × 100 + 1 × 10 + 9 × 1

   b) ☐ 62 × 1 000 + 4 × 1 000 + 1 × × 100 + 9 × 100

   c) ☐ 6 × 10 000 + 2 × 10 000 + + 41 × 1 000 + 9 × 1

   d) ☐ 6 × 10 000 + 2 × 1 000 + 4 × × 100 + 19 × 100

2. Um livro tem 12 capítulos. Ivo leu até o capítulo VIII. Quantos capítulos faltam para Ivo terminar de ler o livro?

   a) ☐ 3   c) ☐ 5
   b) ☐ 4   d) ☐ 6

3. Qual é o número que está representado no ábaco abaixo?

   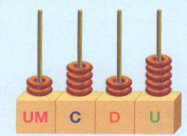

   a) ☐ 2 445   c) ☐ 2 245
   b) ☐ 2 425   d) ☐ 4 225

4. No número 18 279, qual é o valor posicional do algarismo 7?

   a) ☐ 700   c) ☐ 79
   b) ☐ 7   d) ☐ 70

5. Assinale a forma correta de ler o número 57 296.

   a) ☐ Cinquenta mil duzentos e noventa e seis.
   b) ☐ Cinquenta e sete duzentos e noventa e seis.
   c) ☐ Cinquenta e sete mil duzentos e noventa e seis.
   d) ☐ Cinco mil duzentos e noventa e seis.

6. Uma decomposição do número 85 000 é:

   a) ☐ 8 000 + 50 000
   b) ☐ 1 000 + 8 500
   c) ☐ 83 000 + 1 000
   d) ☐ 80 000 + 5 000

7. Ao arredondar o número 67 450 para a dezena de milhar mais próxima, que número encontramos?

   a) ☐ 70 000   c) ☐ 7 000
   b) ☐ 700 000   d) ☐ 60 000

8. Marque a afirmação **errada**.

   a) ☐ 43 000 > 38 000
   b) ☐ 24 387 < 24 598
   c) ☐ 4 326 > 4 321
   d) ☐ 12 025 < 12 018

9 Em que ábaco está representado o número 53 107?

a)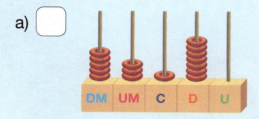

b)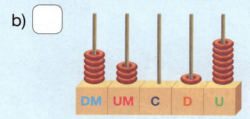

c)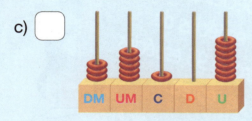

d)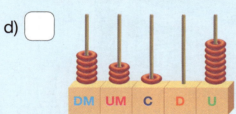

10 Observe a quantia a seguir.

Essa quantia é mais próxima de qual valor abaixo?

a) ☐ 700 reais   c) ☐ 900 reais

b) ☐ 800 reais   d) ☐ 1 000 reais

Quebra-cuca

Leia as dicas e descubra os possíveis números formados pelos algarismos abaixo, sem repeti-los.

Dicas
- É um número entre 50 000 e 60 000.
- É um número ímpar.
- O algarismo das dezenas é a metade do algarismo das centenas; quando adicionados, totalizam 6.

trinta e sete 37

UNIDADE 2 — Adição e subtração

VOCÊ SABIA?
Neste zoológico há 216 espécies de aves, 102 espécies de mamíferos e 95 espécies de répteis.

Para começar...

A família Silva foi a um zoológico.

- Quantas espécies de aves e de répteis há nesse zoológico?
  _____

- Quantas espécies de aves e de répteis há a mais que mamíferos nesse zoológico?
  _____

MACACOS

Para refletir...

Até ontem, esse zoológico tinha 1280 animais. Hoje, chegaram mais alguns, e o zoológico ficou com 1430 animais. Quantos animais chegaram hoje?

_____

JACARÉS E TARTARUGAS

TEMA 1. Estratégias de cálculo

Cálculo mental

Veja como Carlos e Lídia calcularam mentalmente o resultado de 2 400 + 1 900.

Carlos: Primeiro, adiciono 2 400 a 2 000: 2 400 + 2 000 = 4 400. Como quero adicionar 1 900, e não 2 000, preciso subtrair 100: 4 400 − 100 = 4 300. O resultado é 4 300.

Lígia: Adiciono 2 000 a 1 000: 2 000 + 1 000 = 3 000. Depois, adiciono 400 a 900: 400 + 900 = 1 300. Por último, adiciono 3 000 a 1 300: 3 000 + 1 300 = 4 300. O resultado é 4 300.

- Agora, calcule o resultado de 5 800 + 2 700. Depois, explique a um colega como você pensou para efetuar essa adição. _____

Atividades

1. Observe as ilustrações e, depois, resolva o problema.

- Os dois caminhões têm de atravessar um rio em uma balsa que suporta 9 000 kg. Seria possível os dois caminhões atravessarem ao mesmo tempo nessa balsa? Justifique.

_____

2. Leia os dados da tabela ao lado para responder às questões.

a) Quantos habitantes há a mais em Araguatins que em Dianópolis?

_____

b) Quantos habitantes há, ao todo, nos três municípios?

_____

População aproximada de municípios de Tocantins em 2017

Município	Quantidade aproximada de habitantes
Araguatins	35 000
Guaraí	26 000
Dianópolis	22 000

Fonte: Dados obtidos no *Diário Oficial da União* - Seção 1, n. 167, de 30 de agosto de 2017, p. 76.

3 Veja como Marisa e Flávio calcularam o resultado da subtração 4 300 − 2 700 e, depois, faça o que se pede.

Primeiro, subtraio 3 000 de 4 300:
4 300 − 3 000 = 1 300.
Como quero subtrair 2 700, e não 3 000,
preciso acrescentar 300:
1 300 + 300 = 1 600.
O resultado é igual a 1 600.

Subtraio 2 000 de 4 300: 4 300 − 2 000 = 2 300.
Depois, subtraio 300: 2 300 − 300 = 2 000.
Então, subtraio 400: 2 000 − 400 = 1 600.
O resultado é igual a 1 600.

Flávio

a) Por que Marisa adicionou 300 a 1 300? E por que Flávio subtraiu 300 e depois 400? Converse com o professor e os colegas sobre essas questões.

b) Você efetuaria essa subtração de um modo diferente? Explique.

4 Observe no gráfico abaixo a quantidade de bicicletas produzidas pela empresa Pedalando no 1º trimestre de 2017 e responda às questões.

a) Quantas bicicletas foram produzidas em fevereiro a mais que em janeiro?

_____

b) Quantas bicicletas foram produzidas em março a mais que em janeiro?

_____

Fonte: Empresa Pedalando, 1º trimestre de 2017.

c) Quantas bicicletas foram produzidas nesse trimestre?

_____

5 Veja como Regina calculou mentalmente o resultado de uma subtração. Descubra a subtração que Regina realizou e elabore, em seu caderno, um problema que possa ser resolvido por meio dessa subtração.

Primeiro, subtraí 3 000 de um número. Depois, subtraí 400 do resultado. Então, subtraí 300 e encontrei como resultado 1 700.

quarenta e um 41

Aproximações e estimativas

Cíntia quer saber o resultado aproximado de 6 460 + 2 110. Ajude-a a fazer esse cálculo respondendo às questões.

a) Observe a reta numérica abaixo: 6 460 está mais próximo de 6 400 ou de 6 500? _____

b) Qual é a aproximação de 6 460 para a centena mais próxima? _____

c) Qual é a aproximação de 2 110 para a centena mais próxima? _____

d) Qual é o resultado aproximado de 6 460 + 2 110, considerando as respostas anteriores? _____

Atividades

1 Vítor quer comprar alguns materiais de construção para reformar sua casa. O gasto dele será 1 325 reais em azulejos, 1 988 reais em tintas e 2 180 reais em outros materiais.

Quantos reais pagarei, aproximadamente, na compra desses materiais?

2 Leia o que dizem Roberto e Fernando e faça o que se pede.

Pela rodovia pavimentada, da minha cidade até a sua são 1 027 quilômetros, Roberto.

Fernando, vou lhe ensinar um atalho e você vai percorrer apenas 724 quilômetros.

• Estime quantos quilômetros Fernando vai economizar se seguir o atalho sugerido por Roberto.

3 Nádia quer comprar uma geladeira e um *notebook* novos. Estime se Nádia gastará mais ou menos de 10 mil reais.

_____

4 Observe no gráfico abaixo os dados de uma campanha beneficente realizada pela escola Aprender em outubro de 2017. Depois, responda às questões.

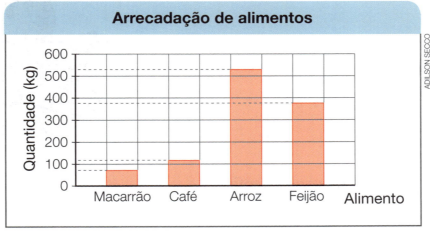

Fonte: Escola Aprender, out. 2017.

a) Quantos quilogramas de alimentos, aproximadamente, foram arrecadados ao todo? _____

b) Quantos quilogramas de arroz, aproximadamente, foram arrecadados a mais que de café? _____

5 Observe a reta numérica abaixo e, em seguida, responda às questões.

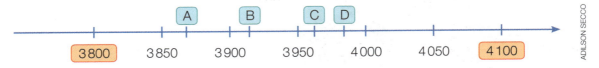

a) O número da posição D está mais próximo de qual número indicado na reta numérica? _____

b) O número da posição B está mais próximo de 3 900 ou de 3 950? _____

c) Qual letra representa um número que está mais próximo de 3 900 e está entre 3 950 e 4 000? _____

d) Qual número é maior que 3 800: o número da posição A ou o número da posição B? _____

Cálculo por decomposição

Na padaria de Tomás, foram produzidos 5 743 pães na semana passada e 6 587 pães nesta semana.

Veja como Tomás calculou o total de pães produzidos nessas duas semanas.

> Fiz a decomposição de 5 743 em 5 000 + 700 + 40 + 3 e de 6 587 em 6 000 + 500 + 80 + 7.
> Então, adicionei 5 000 a 6 000, 700 a 500, 40 a 80 e 3 a 7.
> Agora falta adicionar os resultados dessas adições.

Cálculo por decomposição

5743   6587

5 000 + 6 000 = 11 000
700 + 500 = 1 200
40 + 80 = 120
3 + 7 = 10

- Quantos pães foram produzidos no total? _____

Atividades

1 Observe o esquema que Heitor elaborou para representar a disposição de quatro cidades e a tabela que ele construiu com as distâncias.

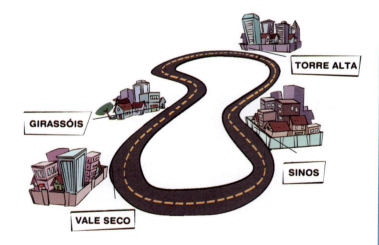

Percurso aproximado entre as cidades

Cidades	Percurso aproximado (em km)
Sinos a Vale Seco	390
Vale Seco a Girassóis	180
Girassóis a Torre Alta	360
Torre Alta a Sinos	240

Fonte: Dados fornecidos por Heitor, em fev. 2018.

- Heitor está na cidade de Sinos e quer chegar à cidade de Girassóis. Qual é o caminho mais curto para chegar a Girassóis?

2 Lívia recebeu uma encomenda de 2565 ímãs de geladeira e já entregou 1742. Querendo saber quantos ímãs faltam para completar o total da encomenda, Lívia subtraiu, por decomposição, 1742 de 2565. Complete a decomposição e, depois, faça o que se pede.

Primeira decomposição:

2565 ▶ 2000 + 500 + 60 + 5
(−)
1742 ▶ 1000 + 700 + 40 + 2

Como não dá para subtrair 700 de 500, fiz a segunda decomposição de 2565.

Segunda decomposição:

2565 ▶ 1000 + 1500 + 60 + 5
(−)
1742 ▶ 1000 + 700 + 40 + 2

Total ▶

a) Que mudança Lívia fez da primeira decomposição de 2565 para a segunda decomposição desse mesmo número? Por que ela fez essa mudança? Converse sobre isso com o professor e os colegas.

b) Quantos ímãs faltam para completar o total da encomenda? _____

3 Calcule, usando decomposição.

a) 3932 + 2611 = _____

b) 8629 − 6435 = _____

c) 47895 − 23960 = _____

d) 23256 + 7620 = _____

4 Em um mês, uma empresa recolheu 54765 kg de papel para reciclagem. No mês seguinte, recolheu 51584 kg. Qual foi a diferença entre as quantidades recolhidas de papel nesses 2 meses?

quarenta e cinco 45

Vamos jogar?

Número-alvo

- **Material**: Cartas numeradas das Fichas 1 a 5.
- **Jogadores**: 2 a 4.
- **Regras**:

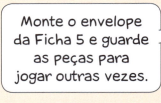

Monte o envelope da Ficha 5 e guarde as peças para jogar outras vezes.

- Um dos jogadores deve embaralhar as cartas e distribuir quatro para cada participante. As que sobrarem devem ficar viradas para baixo em um monte para compras.

- A primeira carta do monte deve ficar virada para cima, no centro da mesa, indicando qual é o número-alvo da rodada.

- Cada jogador, na sua vez, tenta formar o número-alvo com duas, com três ou com as quatro cartas da mão, usando adição e/ou subtração. Se o número-alvo for 7, por exemplo, e se o jogador tiver as cartas 2, 3, 4 e 8, ele poderá obter 7 com duas cartas, calculando o resultado de 3 + 4; com três cartas, calculando o resultado de 8 − 3 + 2; ou com quatro cartas, fazendo 8 + 4 − 3 − 2.

- As cartas que o jogador usar para formar o número-alvo ficam com ele, e as demais voltam para o monte e devem ser reembaralhadas para dar início à rodada seguinte.

- No fim de cada rodada, se o jogador não conseguir formar o número-alvo com suas cartas, deve devolvê-las ao monte para serem reembaralhadas.

- Cada jogador deve receber quatro novas cartas e a primeira carta do monte deve ficar virada para cima, no centro da mesa, indicando o novo número-alvo.

- Quando a quantidade de cartas for insuficiente para cada jogador receber suas quatro cartas e virar o número-alvo, o jogo termina.

- Ganha aquele que conseguir juntar mais cartas até o fim do jogo.

Depois de jogar

Sandra   Luciano

1 Observe as cartas de Sandra e descubra como ela pode obter o número-alvo.

_____

_____

2 Observe as cartas de Luciano e descubra o menor e o maior número que ele pode formar com elas.

_____

_____

3 Em uma rodada, o número-alvo era o .

Sandra tinha as cartas ao lado. Como ela poderia obter o número-alvo usando somente 2 cartas? E 3 cartas? E as 4 cartas?

_____

_____

_____

4 Observe a jogada e faça o que se pede.

Sandra, não vai dar para eu formar o número-alvo.

• Qual pode ser o número da quarta carta de Luciano?

_____

quarenta e sete 47

Adição com reagrupamento

Veja duas maneiras de calcular o resultado de 7 467 + 1 709.

Cálculo com o ábaco

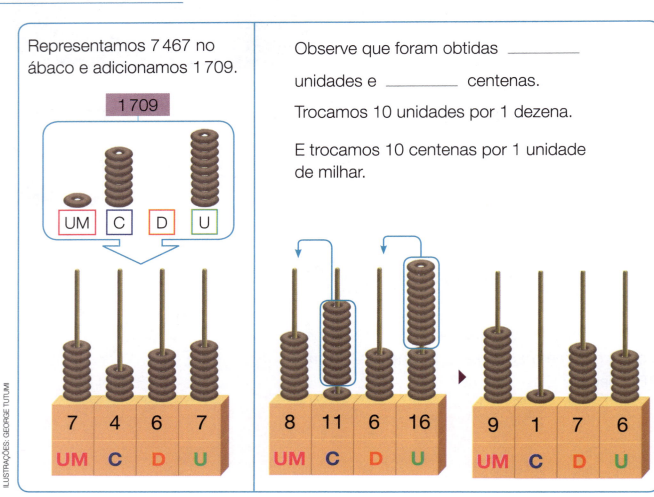

Representamos 7 467 no ábaco e adicionamos 1 709.

Observe que foram obtidas _____ unidades e _____ centenas.

Trocamos 10 unidades por 1 dezena.

E trocamos 10 centenas por 1 unidade de milhar.

Cálculo com o algoritmo usual

O algoritmo usual segue a mesma sequência do cálculo com o ábaco. Observe:

Assim, 7 467 + 1 709 = _____

- Agora, calcule o resultado de 3 196 + 2 738.

Atividades

1. Calcule.

   a) 4 287 + 2 534 = _____

   b) 5 287 + 316 = _____

   c) 43 684 + 15 719 = _____

   d) 35 094 + 9 728 = _____

2. Complete o enunciado e, depois, responda à pergunta do problema usando os dados completados por você.

   Jair comprou um fogão por _____ reais e uma geladeira por _____ reais. Quanto Jair gastou na compra desses dois eletrodomésticos? _____

   - Compare as informações que você usou para completar o problema com as dos demais colegas da classe. Conversem sobre os valores atribuídos por vocês.

3. Joaquim precisa transportar as caixas mostradas ao lado. Porém, seu caminhão pode transportar, no máximo, 2 toneladas de carga por viagem.

   a) Joaquim poderá transportar em uma só viagem todas as caixas em seu caminhão, respeitando a carga máxima? Justifique sua resposta.
   _____

   b) Como Joaquim poderá fazer esse transporte?
   _____

4. Resolva as atividades propostas nos adesivos 1 a 3 da Ficha 23.

quarenta e nove 49

Subtração com reagrupamento

 Ábaco

Veja duas maneiras de calcular o resultado de 7 142 − 3 516.

Cálculo com o ábaco

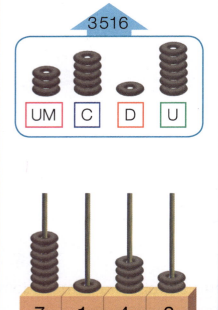

Representamos 7 142 no ábaco para subtrair 3 516.

3 516

| 7 | 1 | 4 | 2 |
| UM | C | D | U |

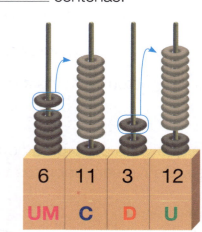

Não dá para retirar 6 unidades de 2 unidades, nem 5 centenas de 1 centena.

Então, trocamos 1 dezena por _____ unidades e 1 unidade de milhar por _____ centenas.

| 6 | 11 | 3 | 12 |
| UM | C | D | U |

Subtraímos 6 unidades, 1 dezena, 5 centenas e 3 unidades de milhar.

Restam _____ unidades de milhar, _____ centenas, _____ dezenas e _____ unidades.

| 3 | 6 | 2 | 6 |
| UM | C | D | U |

Cálculo com o algoritmo usual

O algoritmo usual segue a mesma sequência do cálculo com o ábaco. Observe:

UM	C	D	U
7	1	4	2
− 3	5	1	6

▶

UM	C	D	U
	6		3
7̷	11	4̷	12
− 3	5	1	6

▶

UM	C	D	U
	6		3
7̷	11	4̷	2
− 3	5	1	¹6
3	6	2	6

Assim, 7 142 − 3 516 = _____

- Agora, calcule o resultado de: 5 605 − 4 742.

Atividades

1 Leia o diálogo entre Fernanda e Cláudia e responda à questão.

Fernanda: No ano passado, arrecadamos 2 979 reais com o bazar beneficente.

Cláudia: Neste ano, conseguimos 4 289 reais com o bazar.

• Neste ano, foram arrecadados quantos reais a mais que no bazar do ano passado? _____

2 A tabela abaixo mostra a produção de leite na fazenda Pitangueiras nos meses de janeiro e fevereiro de 2018.

Produção de leite

Mês	Quantidade de litros
Janeiro	3 549
Fevereiro	5 826

Fonte: Fazenda Pitangueiras, mar. 2018.

a) A produção de leite aumentou ou diminuiu de janeiro a fevereiro? _____

b) Qual foi a diferença na produção de leite nesses dois meses? _____

3 Rogério precisava calcular o resultado de 1 235 − 428 quando notou que a tecla 3 de sua calculadora estava quebrada. Para resolver esse problema, ele digitou primeiro o número 1 240 e subtraiu 5, obtendo no visor 1 235. Depois, subtraiu 428, chegando ao resultado 807.

• Agora, imagine que você precisa calcular o resultado de 2 340 − 1 825 com uma calculadora que está com a tecla 0 quebrada. Como você faria? Qual é o resultado?

_____
_____

4 Resolva as atividades propostas nos adesivos 4 a 7 da Ficha 23.

Propriedades e relações

Termos da adição e termos da subtração

- A escola em que Deise estuda fez uma campanha a fim de arrecadar dinheiro para a reforma de uma casa de repouso que a escola ajuda.

O 4º ano A arrecadou 1 675 reais, e o 4º ano B, 1 043 reais. Deise quer descobrir o total arrecadado pelas duas turmas do 4º ano.

> Em uma adição, os números que estão sendo adicionados chamam-se **parcelas**. O resultado da adição chama-se **soma** ou **total**.

Efetue a operação a seguir para ajudar Deise a resolver o problema e identifique as parcelas da adição e a soma ou total.

O total arrecadado foi _____ reais.

- O dono de uma livraria quer vender 9 665 livros em um semestre. Já se passaram três meses, e foram vendidos 4 073 livros. Para atingir o total de vendas desejado, ainda precisam ser vendidos quantos livros nos próximos três meses?

> Em uma subtração, o número do qual se retira uma quantidade é chamado **minuendo**. A quantidade diminuída é chamada **subtraendo**, e o resultado da subtração chama-se **resto** ou **diferença**.

Efetue a operação ao lado para descobrir quantos livros ainda precisam ser vendidos e identifique o minuendo, o subtraendo e o resto ou diferença.
Ainda precisam ser vendidos _____ livros.

Propriedades da adição

Lia e Caio compraram um jogo por 18 reais, uma boneca por 12 reais e um carrinho por 27 reais. Veja como cada um calculou o total da compra.

Cálculo de Lia	Cálculo de Caio
18 + 12 + 27 30 + 27 = ____ Lia fez 18 mais 12 e obteve 30. Depois, fez 30 mais 27, e o resultado foi 57.	18 + 12 + 27 18 + 39 = ____ Caio fez 12 mais 27 e obteve 39. Depois, fez 39 mais 18, e o resultado foi 57.

Esses cálculos podem ser representados assim:

Cálculo de Lia ▶ (18 + 12) + 27 = 30 + 27 = 57

Cálculo de Caio ▶ 18 + (12 + 27) = 18 + 39 = 57

Importante
Os parênteses indicam a adição que devemos fazer primeiro.

Agora, faça o que se pede.

a) Na sua opinião, quem calculou o resultado dessa adição de forma mais fácil?

b) É possível resolver esse problema de um modo diferente de Lia e de Caio, usando uma adição também. Descreva essa adição a seguir.

_____

Atividades

1 Substitua cada símbolo por um número, de modo que as sentenças fiquem verdadeiras.

a) 74 + 28 = 28 + ●

b) 542 + 195 = ■ + 542

c) 95 + ⬟ = 61 + ■

d) 45 + 38 = ▰ + ▲

cinquenta e três 53

2 Calcule e registre o resultado das adições.

a) 20 + (40 + 80) = _____

b) (104 + 36) + 60 = _____

c) (75 + 25) + 50 = _____

d) 7 + (25 + 10) + 9 = _____

e) 75 + (25 + 50) = _____

f) (7 + 25) + (10 + 9) = _____

g) (20 + 40) + 80 = _____

h) 104 + (36 + 60) = _____

- Agora, responda às questões e faça o que se pede.

 I) Quais adições têm resultados iguais? _____

 II) O que esses resultados sugerem? Converse sobre isso com o professor e os colegas.

Em qualquer adição, quando associamos as parcelas de maneiras diferentes, obtemos sempre o mesmo resultado. Chamamos esse fato de **propriedade associativa da adição**.

3 Calcule mentalmente o resultado de cada adição; depois, registre-os.

a) 15 + 0 = _____

b) 0 + 842 = _____

c) 0 + 37 = _____

d) 357 + 0 = _____

e) 2 569 + 0 = _____

f) 0 + 15 362 = _____

- Agora reúna-se com um colega e conversem sobre o que esses resultados sugerem.

4 Cláudia joga handebol em uma equipe que realizou duas partidas em um fim de semana.

No sábado, o placar do jogo foi 4 a 0 para a equipe de Cláudia. No domingo, a equipe adversária venceu a equipe de Cláudia por 4 a 0. Represente com uma adição o total de gols de cada equipe nos dois jogos.

Quando adicionamos zero a um número, o resultado será esse número. Por isso, dizemos que o zero é o **elemento neutro da adição**.

_____

_____

54 cinquenta e quatro

5) Leia o que Flávia e Ricardo estão dizendo e depois faça o que se pede.

Flávia: Eu tinha 20 reais e ganhei de minha mãe 38 reais.

Ricardo: Eu tinha 38 reais e ganhei de meu pai 20 reais.

a) Quem ficou com uma quantia maior? _____

b) Explique sua resposta a um colega.

6) Use uma calculadora e descubra os resultados.

a) 59 + 27 = _____

b) 27 + 59 = _____

c) 268 + 394 = _____

d) 394 + 268 = _____

e) 4 712 + 7 123 = _____

f) 7 123 + 4 712 = _____

• Agora, reúna-se com um colega para responder às questões.

Quais dessas adições têm a mesma soma? O que esses resultados sugerem?

_____

_____

_____

7) Leia o que a professora está dizendo e depois responda à questão.

Em qualquer adição, quando mudamos a ordem das parcelas, a soma não se altera. Esse fato é chamado de **propriedade comutativa da adição**.

• Quais dos itens abaixo representam essa propriedade? _____

| A | 140 + 30 = 30 + 140 |
| B | 100 + 80 + 90 = 180 + 90 |

| C | 420 + 0 = 0 + 420 |
| D | 230 + 360 + 140 = 230 + 500 |

A Matemática me ajuda a ser...

... um consumidor consciente

O brinquedo veio com defeito? A roupa não serviu? O alimento estava estragado? É hora de saber o que fazer antes, durante e depois de uma compra para resolver esses problemas.

CÓDIGO DE DEFESA DO CONSUMIDOR
LEI N. 8.078, DE 11 DE SETEMBRO DE 1990

Livro de regras
Em 1990, foi criado o Código de Defesa do Consumidor (CDC), que tem leis que protegem os consumidores. Todas as lojas precisam ter o CDC, para quem quiser consultar.

Pesquise
Antes de comprar, compare os preços. Alguns *sites* informam se o preço de um produto aumentou ou baixou nos últimos dias.

Não seja incomodado
Lojas e marcas não podem nos enviar mensagens e produtos sem nossa permissão. Se isso acontecer, entre em contato e peça que parem.

Leia
No rótulo ou na embalagem do produto, você encontra informações úteis.

O que observar na embalagem
- Idade mínima recomendada (para brinquedos)
- Instruções de uso
- Data de validade
- Dicas de segurança
- Termo de garantia
- Ingredientes e informações nutricionais (para alimentos)

"ATENÇÃO: Não recomendado para menores de 3 anos. Pode conter partes pequenas que podem ser engolidas."

Não seja enganado
É proibido obrigarem você a comprar dois produtos se quiser só um. Tome cuidado para não cair em armadilhas.

56 cinquenta e seis

Tome nota

O que contém o Código de Defesa do Consumidor?

_____

_____

Reflita

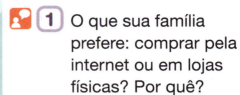
1. O que sua família prefere: comprar pela internet ou em lojas físicas? Por quê?

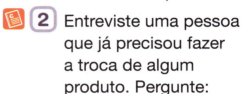
2. Entreviste uma pessoa que já precisou fazer a troca de algum produto. Pergunte:
   a) Qual foi o produto? E o motivo da troca?
   b) Foi fácil fazer a troca? O que você precisou levar para fazer a troca?

SHOPPING CENTER

Preste atenção

É preciso ter cuidado com compras pela internet. Escolha *sites* mais conhecidos, preste atenção no valor do frete e no prazo de entrega.

Troque

As lojas dão um prazo para você devolver ou trocar mercadorias. Guarde documentos como etiqueta, nota fiscal e termo de garantia.

Prazo para a troca
- Produtos sem defeito: depende da loja
- Produtos com defeito: de 30 a 90 dias
- Produtos comprados pela internet: 7 dias

Faça a sua parte

Se o produto estragar porque você não seguiu as instruções de uso, ele não poderá ser trocado.

Reclame

Para reclamar de um problema, procure a loja ou o fabricante. Se não der certo, use as redes sociais para reclamar ou procure o Programa de Proteção e Defesa do Consumidor (Procon) da sua cidade.

Fontes: Cartilha do Consumidor Mirim. Disponível em: <http://mod.lk/cons1>; Código de Defesa do Consumidor. Disponível em: <http://mod.lk/cons2>; Fundação de Proteção e Defesa do Consumidor (Procon - SP). Disponível em: <http://mod.lk/procon>; Instituto Brasileiro de Defesa do Consumidor. Disponível em: <http://mod.lk/idec>. Acessos em: 13 jul. 2018.

ILUSTRAÇÃO: MAISA SHIGEMATSU

Adição e subtração: operações inversas

Usando uma calculadora, calcule o resultado em cada item e registre-o.

a) 28 + 19 = _____

b) 47 − 28 = _____

c) 47 − 19 = _____

d) 68 + 56 = _____

e) 124 − 68 = _____

f) 124 − 56 = _____

- Agora, responda: o que você percebeu em relação aos números dos três primeiros itens? E em relação aos dos três últimos itens?

_____

_____

_____

Atividades

1 João tinha 26 reais. Luís tinha outra quantia.
Eles juntaram o que tinham e, ao todo, ficaram com 40 reais.

a) Quantos reais sobrariam se fossem devolvidos os 26 reais de João? _____

b) E se fosse devolvido o dinheiro de Luís? _____

2 Leia o que Ricardo disse ao observar o esquema que mostra que a adição e a subtração são operações inversas.

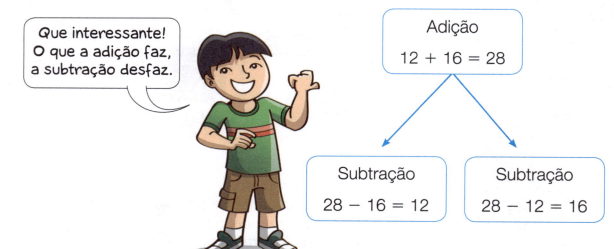

- Agora, explique a um colega a afirmação de Ricardo.

3 Observe como Fátima conferiu o resultado de 281 − 175.

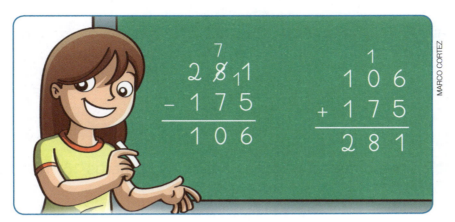

a) Explique a um colega o raciocínio usado por Fátima.

b) Agora, calcule o resultado de 362 − 184 e confira sua resposta.

4 Leia o que as crianças estão falando.

- Agora, escreva uma adição ou uma subtração que corresponda ao que cada uma das crianças disse.

_____

_____

cinquenta e nove **59**

5) Os números 25, 35 e 60 podem ser relacionados por meio de duas adições e duas subtrações.

Escreva duas adições e duas subtrações usando os números 25, 35 e 60 em cada uma.

_____

_____

6) Escreva duas adições e duas subtrações usando os números 15, 18 e 33 em cada uma.

_____

_____

7) Roberta estava no 42º andar de um prédio. Ela desceu vários andares e chegou ao 18º andar.

a) Quantos andares Roberta desceu? _____

b) Como você pode conferir a resposta obtida? _____

_____

8) Flávio fez a adição de 2 789 com 1 316, obtendo a soma 4 005. Use uma calculadora para descobrir se esse resultado está certo sem usar a tecla [+]. Registre as teclas que você digitou.

9) Observe a reta numérica e invente duas questões relacionadas a ela: uma envolvendo adição, e outra, subtração. Depois, peça a um colega que as resolva.

Invente! Use sua criatividade.

_____

_____

_____

Propriedades da igualdade

Observe o experimento realizado por Camila.

> Quando eu coloquei estes objetos nos dois pratos, a balança ficou em equilíbrio. Isso significa que as somas das massas dos objetos colocados nos pratos são iguais.

Podemos representar esse equilíbrio por meio de uma igualdade.

$$2\,000 + 1\,000 + 1\,000 = 3\,000 + 1\,000$$

- Agora, faça o que se pede.

   a) Se Camila colocar um objeto de 2 000 g em cada um dos pratos da balança, ela continuará em equilíbrio? Justifique sua resposta.

   _____

   _____

   b) Escreva uma igualdade representando essa situação.

   _____

   c) O que vai ocorrer se Camila colocar um objeto de 250 g em um prato e um de 500 g no outro?

   _____

   _____

   _____

sessenta e um

Atividades

1 Augusto ganhou 50 reais de sua mãe e 25 reais de seu tio.
Antônio ganhou 36 reais da mãe e 39 reais do tio.

a) Quantos reais cada um deles ganhou?

_____

b) Identifique a sentença que estabelece uma relação entre a quantia de Augusto e a de Antônio.

☐ 50 + 25 = 36 + 39

☐ 50 + 25 < 36 + 39

☐ 50 + 25 > 36 + 39

c) Augusto gastou 13 reais do que ganhou comprando um brinquedo e 5 reais comprando um suco. Antônio gastou 11 reais com um sanduíche e 7 reais com uma revista em quadrinhos. Com quanto cada um ficou?

_____

_____

d) Uma nova sentença que pode ser associada à relação entre as quantias que os irmãos ficaram após as compras é:

☐ 50 + 25 − 18 = 36 + 39 − 18

☐ 50 + 25 − 18 < 36 + 39 − 18

☐ 50 + 25 − 18 > 36 + 39 − 18

2 A balança ao lado está em equilíbrio.
Que objeto pode ser tirado de ambos os pratos de modo que a balança continue em equilíbrio?

_____

_____

_____

3 Veja como Reginaldo pensou para encontrar o número desconhecido em uma atividade proposta por sua professora.

125 + ● = 130 + 5

Sei que o número desconhecido adicionado a 125 é igual a 130 + 5, ou seja, é igual a 135. Então, preciso descobrir que número devo adicionar a 125 para obter 135.

- Seguindo esse raciocínio, que número Reginaldo deverá encontrar? _____

4 Sabendo que as igualdades a seguir são verdadeiras, que números devem substituir os símbolos ▲, ◆, ⬟ e ● nas igualdades a seguir?

a) 35 + ▲ = 27 + 8   ▲ = _____
b) 123 − 56 = ◆ + 42   ◆ = _____
c) 729 + ⬟ = 879 − 20   ⬟ = _____
d) 1 455 − 365 = 850 + ●   ● = _____

- Explique ao professor e aos colegas como você pensou para encontrar cada número.

5 Larissa e Felipe estão conversando sobre a quantidade de cartas de super-herói que cada um tem em sua coleção.

Com as cartas que conquistei hoje e com 63 que eu tenho em casa, ficamos com a mesma quantidade de cartas.

É verdade, hoje eu ganhei 26 cartas e tenho mais 58 em casa.

- Quantas cartas Larissa ganhou? _____
- Quantas cartas cada um tem? _____

sessenta e três 63

Compreender problemas

Para resolver

Problema 1
Um pomar tem várias espécies de árvores. Há 32 macieiras, 27 laranjeiras, 39 limoeiros e algumas jabuticabeiras.

Quantas árvores há ao todo nesse pomar?

_____

Problema 2
Carolina passou 4 fases de um jogo de *videogame* e fez um total de 5 300 pontos. Em cada uma das duas primeiras fases, ela fez 1 200 pontos.

Em qual fase Carolina fez a maior pontuação?

_____

Problema 3
Após um dia movimentado em sua loja de roupas, Paulo fez o levantamento das vendas a fim de saber se seria necessário comprar mais peças para o estoque da loja.

Veja a tabela com a quantidade de peças disponíveis no início e no fim do dia.

Quantidade de peças disponíveis

Período do dia	Infantil	Adulto
Início do dia	120	145
Fim do dia	10	40

Fonte: Dados obtidos por Paulo, em 14 abr. 2018.

Quantas peças de roupa foram vendidas no período da manhã? _____

Para refletir

1 Você conseguiu resolver os problemas? Por quê? Converse com seus colegas para saber se eles chegaram à mesma conclusão que você.

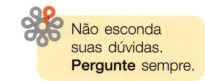

Não esconda suas dúvidas. **Pergunte** sempre.

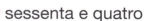

2 No *Problema 1*, qual dado está faltando?

_____

3 Veja a resolução de Murilo para o *Problema 2*.

> Carolina fez 5 300 pontos no total. Na 1ª e na 2ª fases, ela fez 2 400 pontos (1 200 + 1 200 = 2 400).
>
> Então, nas outras fases ela fez 2 900 pontos (5 300 − 2 400 = 2 900).
>
> Em cada uma das fases restantes (3ª fase e 4ª fase), ela fez a metade de 2 900 pontos: 2 900 ÷ 2 = 1 450
>
> Resposta: Carolina fez a maior pontuação na 3ª e na 4ª fases do jogo de videogame.

- Essa resolução está correta? Explique.

_____

_____

_____

4 Qual dado está faltando no *Problema 2*?

_____

5 Marque com **X** a tabela que permitiria resolver o *Problema 3*.

Quantidade de peças disponíveis

Período do dia	Infantil	Adulto
Início do dia	120	145
Ao meio-dia	80	100
Fim do dia	10	40

Fonte: Dados obtidos por Paulo, em 14 abr. 2018.

Quantidade de peças disponíveis

Período do dia	Infantil	Adulto
Início do dia	120	145
Fim do dia	10	40
Peças vendidas	110	105

Fonte: Dados obtidos por Paulo, em 14 abr. 2018.

- Com base na tabela escolhida, resolva o problema.

_____

sessenta e cinco

Compreender informações

Análise dos possíveis resultados em eventos aleatórios

1. Hélio foi a uma festa junina. Lá, há um jogo que as crianças adoram, pois sempre ganham um prêmio. Elas giram uma roleta colorida e recebem um prêmio de acordo com a cor indicada pelo ponteiro quando a roleta para.

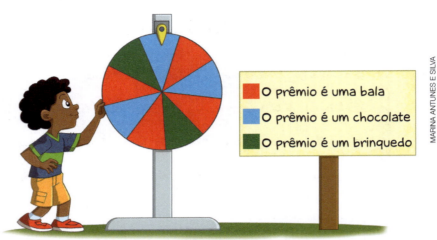

- Agora, responda às questões.

   a) Hélio girará a roleta. É possível saber que prêmio ele ganhará? Por quê?
   _____
   _____

   b) Que prêmio Hélio tem maior chance de ganhar? Por quê?
   _____
   _____

   c) Como você modificaria essa roleta para que a chance de ganhar cada prêmio fosse a mesma?
   _____

2. Atribua os valores para dois dos eventos descritos a seguir. O valor zero deve ser atribuído ao evento que não tem chance de ocorrer e o valor 1, para o evento que ocorrerá com certeza.

   | Sortear uma bola azul em uma urna com 5 bolas azuis e 2 verdes. | ☐ | Sortear uma bola azul em uma urna com 7 bolas azuis. | ☐ |
   | Sortear uma bola azul em uma urna com 7 bolas verdes. | ☐ | Sortear uma bola azul em uma urna com 5 bolas verdes e 2 azuis. | ☐ |

- Considerando os outros dois eventos, qual tem mais chance de ocorrer? Por quê?

3 Olívia e Renato estão brincando de sortear bolinhas coloridas.

a) Que cor de bola tem maior chance de ser sorteada? Por quê?

_____
_____
_____

b) Que cor de bola tem menor chance de ser sorteada? Por quê?

_____
_____
_____

c) Que cores de bola têm a mesma chance de ser sorteadas? Por quê?

_____
_____

4 O pai de Iolanda tem duas caixas como as ilustradas abaixo, ambas com bombons de morango (vermelhos) e de nozes (azuis). Iolanda ganhará um desses bombons de acordo com as seguintes instruções:

1º) Inicialmente, ela deverá observar as caixas e escolher uma das duas.

2º) Depois, com os olhos fechados, terá de pegar um bombom da caixa escolhida.

- Se Iolanda prefere bombons de morango (vermelhos), qual das duas caixas ela deverá escolher? Justifique sua resposta.

_____
_____
_____

1 Observe o tabuleiro no qual Sandra, Sônia e Rafael colocaram suas fichas. Sônia percebeu que o número da casa em que cada jogador tinha sua ficha poderia ser obtido fazendo uma adição ou uma subtração com os números das casas nas quais os outros dois jogadores tinham suas fichas.

O número da minha casa é 72. Ele pode ser obtido fazendo 13 + 59 ou 59 + 13, que são os números das casas de Rafael e Sandra.

Sônia

● Ficha de Sônia
● Ficha de Rafael
● Ficha de Sandra

- Qual é a operação que Sandra e Rafael devem fazer para obter o número de suas próprias casas?

_____

_____

2 Observe o gráfico que mostra a quantidade de casas construídas na Cidade das Flores entre 2015 e 2017 e responda às questões.

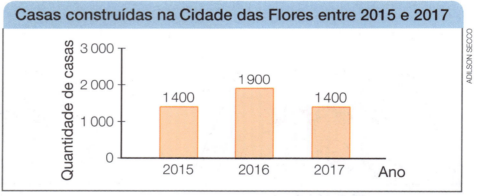

Fonte: Departamento de Habitação, 2018.

a) No total, quantas casas foram construídas nos anos 2015 e 2016?

_____

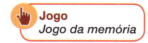
Jogo
Jogo da memória

b) E nos anos 2016 e 2017?

_____

3 Resolva as atividades propostas nos adesivos 1 a 6 da Ficha 24.

sessenta e oito

Cálculo mental

1. Veja como Yuri calcula mentalmente o resultado de algumas multiplicações.

Eu sei que **3 × 27 = 81**. Para descobrir o resultado de **6 × 27**, eu observo que o número 6 é o **dobro** de 3. Então, o resultado procurado é o **dobro** de 81.

Eu sei que **6 × 31 = 186**. Para descobrir o resultado de **3 × 31**, eu observo que o número 3 é a **metade** de 6. Então, o resultado procurado é a **metade** de 186.

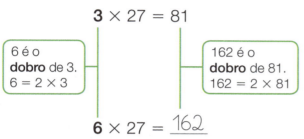

3 × 27 = 81

6 é o **dobro** de 3. 6 = 2 × 3

162 é o **dobro** de 81. 162 = 2 × 81

6 × 27 = 162

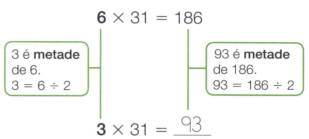

6 × 31 = 186

3 é **metade** de 6. 3 = 6 ÷ 2

93 é **metade** de 186. 93 = 186 ÷ 2

3 × 31 = 93

- Agora, realize os cálculos a seguir.

a) **2** × 35 = 70

   4 × 35 = _____

b) **10** × 45 = 450

   5 × 45 = _____

c) **14** × 19 = 266

   7 × 19 = _____

2. Observe os cálculos de Malu.

Eu sei que **4 × 12 = 48**. Para descobrir o resultado de **5 × 12**, eu observo que o número 5 é 4 **mais** 1. Então, o resultado procurado é 4 × 12 **mais** 1 × 12, ou seja, 48 **mais** 12.

Eu sei que **8 × 15 = 120**. Para descobrir o resultado de **7 × 15**, eu observo que o número 7 é 8 **menos** 1. Então, o resultado procurado é 8 × 15 **menos** 1 × 15, ou seja, 120 **menos** 15.

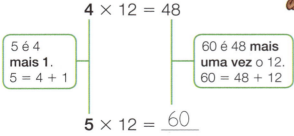

4 × 12 = 48

5 é 4 **mais** 1. 5 = 4 + 1

60 é 48 **mais** uma vez o 12. 60 = 48 + 12

5 × 12 = 60

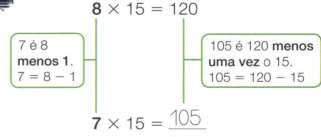

8 × 15 = 120

7 é 8 **menos** 1. 7 = 8 − 1

105 é 120 **menos** uma vez o 15. 105 = 120 − 15

7 × 15 = 105

- Faça como Malu e calcule o resultado das operações.

a) **3** × 21 = 63

   4 × 21 = _____

b) **8** × 23 = 184

   7 × 23 = _____

c) **4** × 34 = 136

   3 × 34 = _____

O que você aprendeu

1. A família de Rui gastou 18 000 reais com a reforma da casa e 9 000 reais com a compra de móveis novos. Quantos reais foram gastos no total?
   a) ☐ 17 000 reais
   b) ☐ 24 000 reais
   c) ☐ 27 000 reais
   d) ☐ 32 000 reais

2. Em uma fábrica, foram produzidos 123 mil botões no ano passado. Dessa quantidade, 98 mil foram vendidos e o restante está guardado em um depósito. Quantos botões estão guardados no depósito?
   a) ☐ 18 000
   b) ☐ 25 000
   c) ☐ 30 000
   d) ☐ 45 000

3. Luísa subtraiu mentalmente 690 de 1 700. Ela começou subtraindo 600 de 1 700, e o resultado foi 1 100. Em seguida, subtraiu 100 de 1 100, ficando com 1 000. O que falta para Luísa completar o cálculo? Qual é o resultado?
   a) ☐ Falta acrescentar 9 unidades; o resultado é 1 009.
   b) ☐ Falta subtrair 9 unidades; o resultado é 991.
   c) ☐ Falta acrescentar 10 unidades; o resultado é 1 010.
   d) ☐ Falta subtrair 10 unidades; o resultado é 990.

4. Jonas calculou mentalmente a adição 1 275 + 845. Ele começou adicionando 1 200 com 800, e o resultado foi 2 000. Qual alternativa mostra o restante do cálculo feito por Jonas?
   a) ☐ 75 mais 45 é igual a 120; então, 2 000 + 120 = 2 120.
   b) ☐ 75 mais 40 é igual a 115; então, 2 000 + 115 = 2 115.
   c) ☐ 2 000 mais 75 menos 45 é igual a 2 030.
   d) ☐ 70 mais 40 é igual a 110; então, 2 000 + 110 = 2 110.

5. Paulo tinha algum dinheiro, e Davi tinha 7 286 reais. Se Davi tinha 1 817 reais a menos que Paulo, quantos reais tinha Paulo?
   a) ☐ 9 103 reais
   b) ☐ 5 469 reais
   c) ☐ 8 103 reais
   d) ☐ 3 253 reais

6. Sérgio tem uma coleção de 4 324 selos de diferentes países. Desses selos, 2 748 são do Brasil. Quantos selos são de outros países?
   a) ☐ 1 576   c) ☐ 5 432
   b) ☐ 7 072   d) ☐ 2 114

7 Considerando que a balança está em equilíbrio nas duas situações, qual é a massa da bola azul?

1ª situação

2ª situação

a) ☐ 2 127 g   b) ☐ 3 314 g   c) ☐ 5 441 g   d) ☐ 1 187 g

8 Calcular (340 + 210) + 250 é a mesma coisa que resolver:

a) ☐ (340 + 340) + 210   c) ☐ 340 + (210 + 210)

b) ☐ 340 + (210 + 250)   d) ☐ 340 + (340 + 210)

9 Flávio adicionou 243 com 579 e obteve o resultado 822. O que pode ser feito para saber se o cálculo de Flávio está correto?

a) ☐ Calcular 822 − 579 e ver se o resultado é 579.

c) ☐ Calcular 822 − 243 e ver se o resultado é 579.

b) ☐ Calcular 822 + 243 e ver se o resultado é 579.

d) ☐ Calcular 822 − 243 e ver se o resultado é 243.

Quebra-cuca

Leia o que cada moça está dizendo e descubra quantos reais tem cada uma delas.

Eu tinha 248 reais, mas gastei 22 reais neste mês.
Fernanda

Eu tenho 203 reais a mais que Fernanda.
Fabiana

Eu tenho 29 reais a menos que Fabiana.
Fátima

Eu tenho 120 reais a mais que Fátima.
Flávia

setenta e um

TEMA 1. Figuras geométricas não planas

Planificações

Observe várias embalagens desmontadas e responda à questão.

a)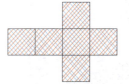
c)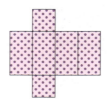
e)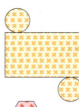

b)
d)
f)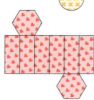

- Depois de montadas, qual figura geométrica não plana abaixo cada embalagem representará?

 Cubo
 Cilindro
 Pirâmide de base quadrada

 Cone
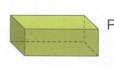 Paralelepípedo
 Prisma de base hexagonal

Atividades

1 Destaque as planificações das Fichas 6 a 11, depois monte o modelo das figuras geométricas não planas.

2 Descubra a figura que Janice vai montar.

"Vou montar o modelo de uma figura com estes pedaços de cartolina ao lado e fita adesiva para grudar."

"A figura tem 6 vértices."

74 setenta e quatro

3 Observe as ilustrações em cada item para responder às questões.

a) Qual cubo representado corresponde à planificação? _____

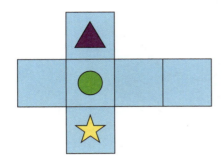    

A   B   C   D

b) Qual planificação corresponde ao objeto que lembra um cilindro feito de plástico transparente? _____

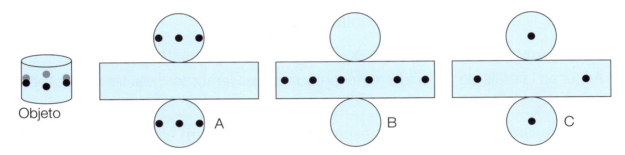

4 Abaixo, estão representadas algumas planificações e algumas pirâmides.

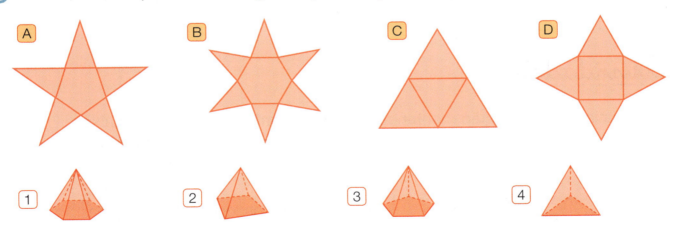

- Indique qual planificação corresponde a cada pirâmide.

_____

5 Observe a representação da pirâmide ao lado. Quantas partes teria a planificação dessa figura?

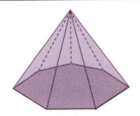

_____

setenta e cinco 75

Vértices, faces e arestas

Observe as representações de figuras geométricas não planas e informações sobre elas. Depois, responda às questões.

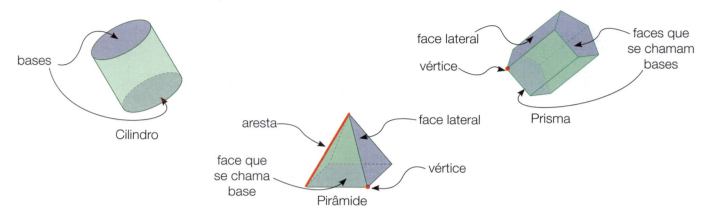

a) A aresta fica no encontro de quantas faces? _____

b) Em um prisma, o vértice fica no encontro de quantas arestas? _____

c) As faces laterais da pirâmide representada acima lembram qual figura geométrica plana? _____

d) As faces laterais do prisma representado acima lembram qual figura geométrica plana? _____

e) Quantas bases o prisma representado acima tem? E a pirâmide? E o cilindro?
_____

Atividades

1 Cristiano e João estão montando estruturas conforme o modelo abaixo. Eles usam palitos e peças conectoras que se parecem com um cubo.
Já foram montadas 4 dessas estruturas.

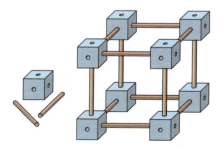

a) Quantos palitos foram usados nessas 4 estruturas, no total? _____

b) Quantas peças conectoras foram usadas nessas 4 estruturas, no total? _____

2 Reúna-se com um colega e conversem sobre uma maneira de descrever o cubo apresentando suas características.

> **Converse** com seu colega e listem o que **já sabem** sobre o cubo **antes** de descrevê-lo.

3 Observe as representações de figuras geométricas não planas e faça o que se pede.

  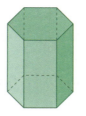 

Prisma de base triangular | Prisma de base pentagonal | Prisma de base hexagonal | Pirâmide de base quadrada | Pirâmide de base pentagonal | Pirâmide de base hexagonal

a) Complete o quadro abaixo.

Figura geométrica não plana	Número de vértices da base	Número total de vértices
Prisma de base triangular	3	6
Prisma de base pentagonal		
Prisma de base hexagonal		
Pirâmide de base quadrada		
Pirâmide de base pentagonal		
Pirâmide de base hexagonal		

b) Reúna-se com um colega, e busquem regularidades sugeridas por esses números que você preencheu no quadro.

4 Em todas as faces retangulares do brinquedo de Geraldo, há a mesma quantidade de buracos. Em cada uma das outras faces, há 1 buraco.

a) Quantos buracos há ao todo no brinquedo? _____

b) Faça um esquema para explicar como você descobriu quantos buracos havia no brinquedo. Depois, você e seu colega comparam os esquemas que fizeram. Vocês pensaram da mesma maneira?

setenta e sete 77

Representando figuras geométricas

Na malha quadriculada de cada item, desenhe conforme as orientações.

a)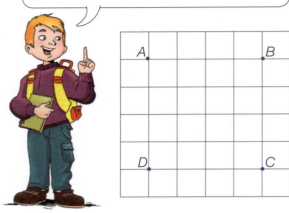

b)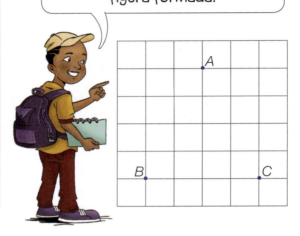

- Agora, escreva o nome de cada figura geométrica plana desenhada.

Atividades

1. Na malha quadriculada abaixo, ligue os pontos conforme a orientação. Depois, pinte a figura formada e responda às questões.

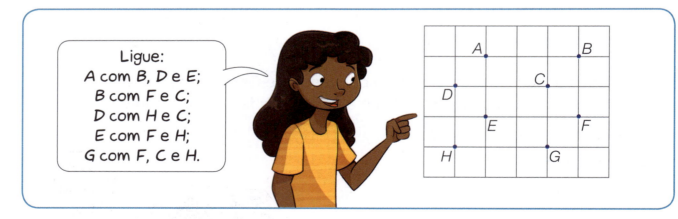

a) Qual é o nome da figura geométrica não plana que você representou? _____

b) Qual é o número de arestas e o número de vértices dessa figura?

2 Camila e Gustavo observaram as fotos abaixo e fizeram alguns desenhos para representar as construções que aparecem nas fotos.

Edifício em Belgrado, Sérvia, 2013.

Museu do Louvre, Paris, França, 2016.

- Observe os desenhos de Camila e os de Gustavo. Qual das construções Camila pretende representar? E Gustavo?

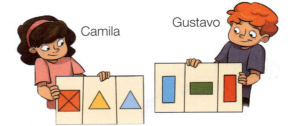

3 Observe a representação de uma caixa desmontada e responda à questão.

- Se a caixa for montada e ficar apoiada na mesa sobre a parte azul, qual será a cor da parte que ficará oposta à parte apoiada na mesa?

_____

4 Observe a imagem da lanterna chinesa ao lado.

a) Qual figura geométrica não plana a lanterna lembra?

_____

b) Desenhe a figura geométrica plana que pode ser reconhecida na observação da imagem da lanterna ao lado.

setenta e nove 79

TEMA 2. Ângulos e polígonos

Ideia de ângulos – giros

Júlia está brincando com seus colegas. Nessa brincadeira, há momentos em que ela indica os colegas, sempre depois de indicar Clóvis.

Observe, ao lado, Júlia indicando Clóvis primeiro.

Depois de indicar Clóvis, Júlia indicou Gabriel, Fernanda e Paula, dando **giros** em torno de si mesma. Veja abaixo como foram os giros que Júlia deu.

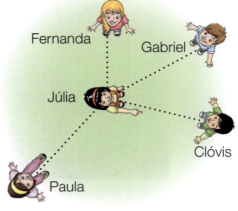

 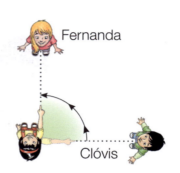 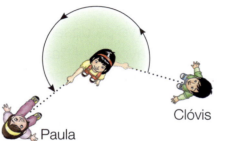

- O menor giro que Júlia deu foi para indicar quem? E o maior? _____

Um giro dá ideia de uma figura geométrica chamada **ângulo**. Quanto maior o giro, maior a abertura do ângulo associado a ele.

Atividades

1 Observe os giros dados por Vanessa e, em seguida, responda.

Giro 1

Giro 2

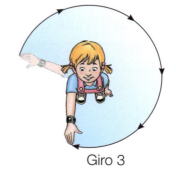
Giro 3

- Dos três giros dados por Vanessa, qual foi o menor? _____

2 Observe as imagens e o ângulo destacado em azul na lousa.

 • Agora, destaque outros ângulos que você identificou nas imagens acima, pintando-os.

As imagens nesta página não foram representadas em escala de tamanho.

3 Observe as ilustrações e responda às questões.

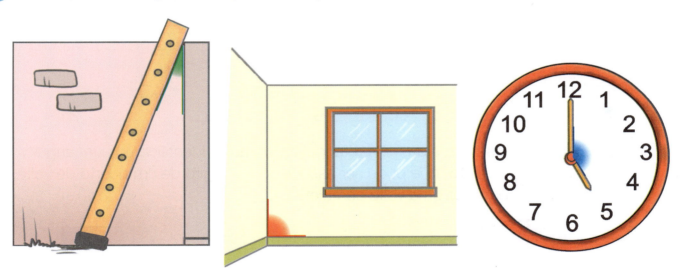

a) O que foi destacado em cada uma das ilustrações? _____

b) Qual desses ângulos tem a maior abertura? _____

c) Qual desses ângulos tem a menor abertura? _____

 d) Como você fez para descobrir?

 4 Cite três objetos ou situações em que podemos identificar um ângulo. Depois, no caderno, represente cada objeto ou situação com um desenho e destaque um ou mais ângulos.

oitenta e um 81

Ângulo reto, ângulo agudo e ângulo obtuso

Danilo pintou os quatro cantos de uma folha retangular. Depois, recortou a folha e juntou esses cantos.

Danilo pintou os quatro cantos.

Juntou os cantos.

Sobrepôs os cantos para comparar as medidas dos ângulos.

a) Em cada um dos cantos pintados, identificamos um ângulo. Esses ângulos têm a mesma abertura? Justifique. _____

_____

_____

Em cada um dos cantos da folha retangular de Danilo, identificamos um ângulo chamado **ângulo reto**, que pode ser associado a um giro de um quarto de volta, ou seja, à quarta parte de uma volta completa.

Giro de um quarto de volta   Ângulos retos

b) Qual das figuras abaixo tem um ângulo com a mesma abertura dos ângulos destacados na folha de Danilo? _____

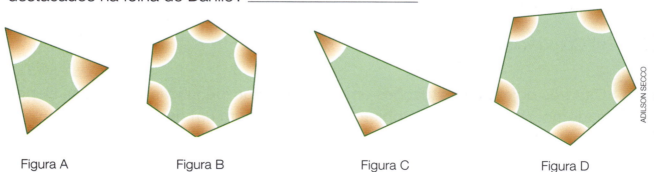

Figura A   Figura B   Figura C   Figura D

Atividades

1 Observe como Danilo usou a abertura de um dos cantos da folha retangular ( ) para comparar com a abertura de outros ângulos.

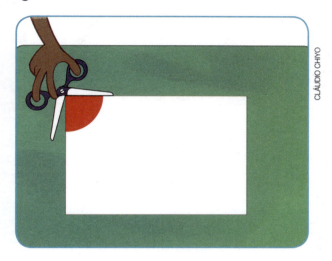

a) A abertura do ângulo formado pelo leque é maior ou menor que a abertura do ângulo reto? _____

b) E a abertura formada pelas lâminas da tesoura? _____

O ângulo formado pelo leque é um exemplo de **ângulo agudo**, que pode ser associado a um giro menor que o de um quarto de volta.

Giro → Ângulos agudos

O ângulo formado pelas lâminas da tesoura é um exemplo de **ângulo obtuso**, que pode ser associado a um giro maior que o de um quarto de volta e menor que o de meia-volta.

Giro → Ângulos obtusos

2 Faça um desenho em uma folha de papel sulfite e destaque nele um ângulo reto, um ângulo agudo e um ângulo obtuso.

oitenta e três

3 A que ângulo corresponde cada giro da caneta: ângulo reto, ângulo agudo ou ângulo obtuso?

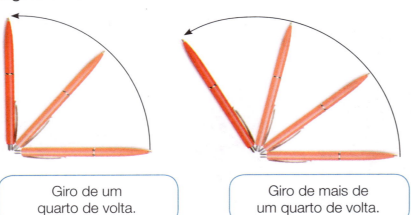

Giro de um quarto de volta.

Giro de mais de um quarto de volta.

Giro de menos de um quarto de volta.

_____   _____   _____

4 Classifique cada um dos ângulos destacados em ângulo agudo, ângulo obtuso ou ângulo reto.

As imagens nesta página não foram representadas em escala de tamanho.

a)

b)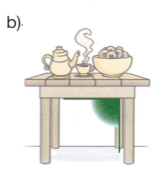

c)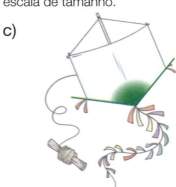

_____   _____   _____

5 Observe as figuras e descubra em qual delas encontramos exatamente dois ângulos retos. _____

a)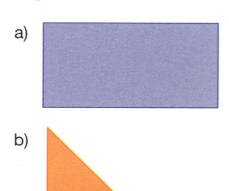

c)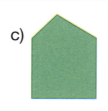

b)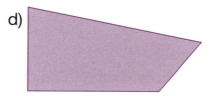

d)

84 oitenta e quatro

Polígonos

Observe as figuras a seguir. Todas elas são chamadas de **polígonos**. Repare que sempre podemos desenhar polígonos com uma régua.

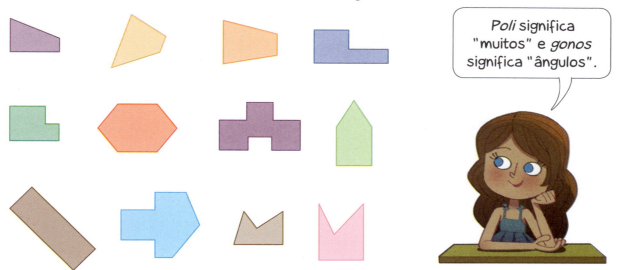

Poli significa "muitos" e *gonos* significa "ângulos".

- As figuras abaixo **não** são polígonos. Você sabe dizer por quê?

- Nos polígonos, podemos identificar ângulos internos, lados e vértices. De acordo com o número de lados, os polígonos recebem um nome. Veja alguns polígonos.

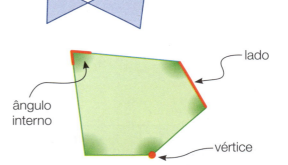

Triângulos	Quadriláteros	Pentágonos	Hexágonos
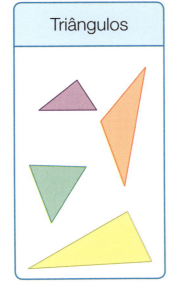	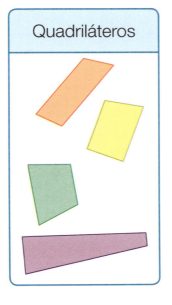	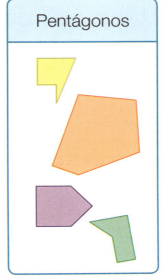	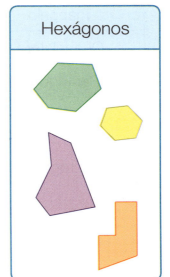

oitenta e cinco

Atividades

1 Marque com um **X** a figura "intrometida" em cada caso.

a)

☐ ☐ ☐ ☐

b)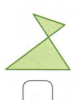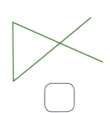

☐ ☐ ☐ ☐

2 No espaço abaixo, desenhe um quadrilátero, um pentágono e um hexágono.

3 Complete.

Polígono	Número de lados	Número de ângulos internos	Número de vértices
Triângulo			
Quadrilátero			
Pentágono			
Hexágono			

- Que regularidade é sugerida pelos números que você completou?

_____

_____

_____

4 Com uma folha qualquer de papel, Lucas fez uma dobradura e construiu um esquadro de papel. Observe como ele fez.

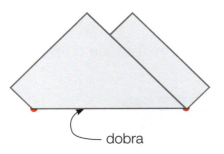
dobra

ângulo reto

Primeiro peguei uma folha e fiz uma dobra qualquer. Depois, uni as duas pontas dessa dobra (pontos vermelhos) e obtive um ângulo reto (destacado em verde).

• Agora, faça um esquadro de papel como Lucas e descubra quais dos polígonos abaixo têm pelo menos um ângulo reto. _____

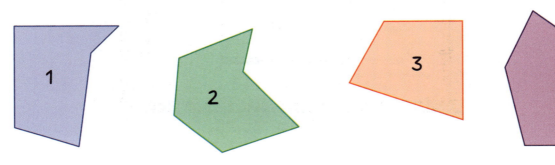

5 Usando um *software* de geometria dinâmica, Luísa construiu um quadrado e alguns polígonos. Depois, sobrepondo um dos ângulos retos desse quadrado nos ângulos dos polígonos, verificou quais eram retos também.

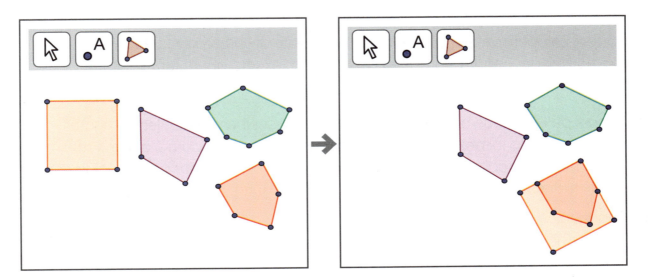

• Construa um quadrado, com seus quatro ângulos retos, e alguns polígonos. Depois, tomando como exemplo um dos ângulos retos do seu quadrado, verifique se há algum ângulo reto nos polígonos que você desenhou.

oitenta e sete

Vamos jogar?

O que é, o que é?

PARA JOGAR MUITAS VEZES

📄 **Material**: Tabuleiro A, 28 cartas das Fichas 12 a 15 e 4 marcadores (botões ou pedaços de papel), de cores diferentes, para apostar em figuras.

👥 **Jogadores**: 3 ou 4.

Regras:

- As cartas devem ser embaralhadas e colocadas no centro do tabuleiro, com as informações voltadas para baixo.

- Sorteia-se quem vai ler a primeira carta retirada de cima do monte, e cada jogador segura seu marcador na mão, exceto quem fará a leitura.

- O jogador que está com a carta a lê em voz alta, para que todos o ouçam.

- Depois da leitura, os outros jogadores devem escolher no tabuleiro a figura que acham que foi descrita, colocando o seu marcador sobre ela. Uma mesma figura não pode ser escolhida por mais de um jogador. Um jogador pode decidir não escolher uma figura em uma jogada, mas, se escolheu alguma, não pode mudar.

- O jogador que escolher a figura descrita ganha a carta para si. Caso nenhum jogador acerte a figura descrita, a carta deve ser colocada por último, no monte.

- O próximo a pegar uma carta e descrevê-la é o jogador que está à esquerda de quem leu a carta por último.

- Ganha quem conseguir acumular 8 cartas primeiro.

Depois de jogar

1 Há quantas figuras geométricas planas representadas no tabuleiro? E quantas figuras geométricas não planas? _____
_____

2 Qual das figuras geométricas planas representadas no tabuleiro lembra uma das faces de um cubo? E qual das figuras representa uma das bases de um cilindro?
_____

3 O retângulo foi descrito na carta da seguinte maneira: "Uma cédula de dinheiro se parece comigo". Você saberia descrevê-lo de outra maneira? Como?
_____

4 Quais representações de figuras geométricas planas são necessárias para montar um molde de prisma de base triangular como o representado no tabuleiro?
_____

5 Observe a situação de jogo ao lado, em que um aluno escolheu a figura indicada. Observe-a atentamente em seu tabuleiro. Qual é o nome dessa figura? Invente uma dica que poderia estar na carta correspondente a ela.

Figura escolhida

_____
_____
_____

oitenta e nove

Matemática em textos

Leia

A Geometria nas obras de um artista brasileiro

O artista plástico Fortunato Ernesto Neto nasceu na cidade de Belém, capital do estado do Pará. Começou a pintar e desenhar na adolescência.

Caracterizadas por um estilo geométrico, suas obras retratam prédios, monumentos históricos, embarcações, garimpeiros, fauna, flora, ribeirinhos da região e o cotidiano em geral. Por exemplo, a tela *Ver-o-peso* retrata um importante ponto turístico da cidade de Belém, o mercado Ver-o-peso.

Ao pintar essa tela, Fortunato usou figuras geométricas, com o predomínio de triângulos.

Suas obras tiveram influência de importantes artistas: por exemplo, de Monet e Cézanne, no uso de cores fortes, e de Pablo Picasso, no que se refere aos traços com linhas retas. No entanto, as obras de Fortunato foram desenvolvidas com identidade própria, caracterizada por uma variedade de cores fortes e contrastantes.

Ver-o-peso, de Fortunato Ernesto Neto, 2007, acrílico sobre tela, 80 cm × 60 cm.

Mercado Ver-o-peso, em Belém (Pará), 2015.

Responda

1. Onde nasceu Fortunato? _____

2. Em que época da vida ele começou a pintar? _____

3. O que Fortunato retrata em suas obras? _____

4. Que figura geométrica é predominante na obra *Ver-o-peso*? _____

Analise

Trabalhadores, de Fortunato Ernesto Neto, 2009, acrílico sobre tela, 80 cm × 60 cm.

Observe outra obra de Fortunato Ernesto Neto. Além dos triângulos, que outras figuras geométricas planas o artista representou nessa obra?

Aplique

Agora, você é o artista. Usando figuras geométricas planas e cores fortes, faça um desenho bem bonito em seu caderno.

noventa e um

Compreender informações

Agrupar dados de uma pesquisa em tabela

1 Valmir realizou uma pesquisa com os clientes sobre preferência de livros. Observe as anotações que ele fez.

Cliente	Gênero Literário Preferido			
	Quadrinhos	Romance	Autoajuda	Ficção científica
Marcel			X	
Júlio		X		
Daniel	X			
Fabíola				X
Maria		X		
William			X	
Hélio	X			
Gabriela			X	
Tânia		X		
Rodrigo	X			

Cliente	Gênero Literário Preferido			
	Quadrinhos	Romance	Autoajuda	Ficção científica
Karina				X
Saulo		X		
Carlos			X	
Jaqueline		X		
Priscila			X	
Sabrina		X		
Otávio				X
Amauri	X			
Renato	X			
Isabel				X

Depois de analisar os dados, Valmir contou a quantidade de pessoas que preferem cada gênero de livro e organizou as informações em uma tabela. Complete-a e depois responda às questões.

Pesquisa sobre preferência de gêneros literários

Gênero literário	Quantidade
Quadrinhos	
Romance	
Autoajuda	
Ficção científica	

Dados obtidos por Valmir (jul. 2018).

a) Para saber quantas pessoas preferem cada gênero, é mais fácil consultar as anotações de Valmir ou a tabela?

b) Em que outras situações você acha importante organizar os dados agrupando-os?

2 Agora, faça você uma pesquisa. Escolha 5 colegas de classe e 5 pessoas de sua família. Pergunte a eles quantos livros eles já leram e anote o resultado no espaço a seguir.

Livros lidos por meus colegas

Colega	Quantidade de livros

Fonte: _____

Livros lidos por meus familiares

Familiar	Quantidade de livros

Fonte: _____

- Organize as informações preenchidas acima em um gráfico de colunas, completando o esquema a seguir.

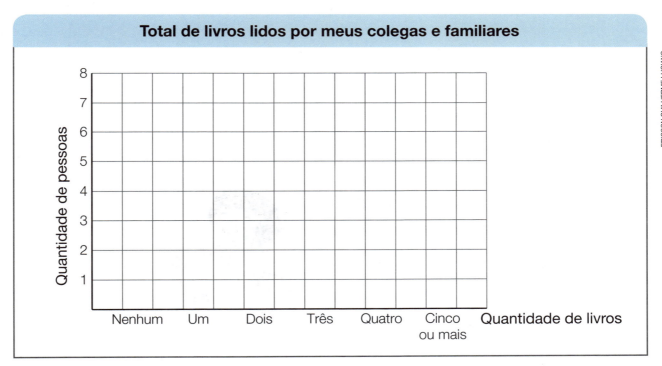

Fonte: _____

- Responda às questões.

a) Quantas pessoas pesquisadas leram três livros? _____

b) Quantas pessoas leram cinco ou mais livros? _____

c) Como você fez para responder a cada uma das perguntas anteriores?

noventa e três 93

Cálculo mental

1 Veja como Malu pensou para fazer uma multiplicação.

"12 × 15 = ? Eu sei que 12 é o mesmo que 10 mais 2."

"Então, vou calcular 10 × 15 e 2 × 15. Depois, é só adicionar os resultados."

12 × 15
10 + 2
2 × 15 = __30__
10 × 15 = __150__
30 + 150 = __180__

Portanto, 12 × 15 = __180__

- Faça como Malu para efetuar as multiplicações.

  a) 12 × 13

  b) 13 × 11

  12 × 13 = _____

  13 × 11 = _____

2 Descubra a multiplicação que corresponde ao cálculo mental feito por Yuri.

"Primeiro, calculei 3 vezes 100, que é igual a _____. Em seguida, fiz 3 vezes 20, que é igual a _____. Depois, calculei 3 vezes 3, que é igual a _____. Adicionei esses resultados e obtive _____."

"A multiplicação que fiz foi: _____."

- Agora, usando o mesmo raciocínio de Yuri, calcule o resultado de 4 × 211. Registre os cálculos.

4 × 211 = _____

3 Tiago calculou 21 × 32 partindo da multiplicação 10 × 32 = 320, que ele já sabia de cor. Veja como ele pensou para chegar ao resultado final.

$$21 \times 32 = ?$$
$$10 \times 32 = 320$$

[20 é o **dobro** de 10.] ⊢ ⊣ [640 é o **dobro** de 320.]

$$20 \times 32 = 640$$

[21 é 20 **mais 1**.] ⊢ ⊣ [672 é 640 **mais** 32.]

$$21 \times 32 = 672$$

- Agora, faça como Tiago para calcular o resultado de cada multiplicação.

a) 21 × 23

b) 21 × 27

21 × 23 = _____

21 × 27 = _____

4 Veja como Catarina pensou para multiplicar 21 por 99.

Para fazer 21 × 99, posso fazer 21 × 100 e depois subtrair 21 do resultado, pois multipliquei o 21 uma vez a mais. Logo,
21 × 99 = 21 × 100 − 21 = 2 100 − 21 = 2 079.

- Agora, faça como Catarina e calcule o resultado das multiplicações abaixo.

a) 7 × 99 = __7__ × __100__ − __7__ = __700__ − __7__ = _____

b) 13 × 99 = __13__ × __100__ − _____ = __1300__ − _____ = _____

c) 35 × 99 = __35__ × _____ − _____ = _____ − _____ = _____

d) 41 × 99 = _____ × _____ − _____ = _____ − _____ = _____

e) 97 × 99 = _____ × _____ − _____ = _____ − _____ = _____

noventa e cinco

O que você aprendeu

1 Marque com um **X** a figura intrometida.

a)

c)

b)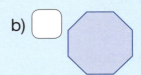

d)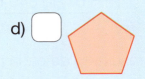

2 Observe a figura a seguir e assinale as afirmações verdadeiras.

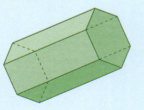

a) ☐ Ela possui 12 vértices.

b) ☐ Ela possui apenas 6 arestas.

c) ☐ As bases têm forma de hexágono.

3 Com as figuras mostradas a seguir, é possível montar o modelo de qual figura geométrica não plana?

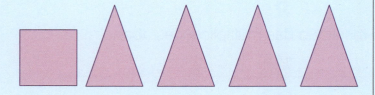

a) ☐ Cone.

b) ☐ Paralelepípedo.

c) ☐ Cubo.

d) ☐ Pirâmide.

4 Carlos desenhou duas vistas de um modelo de figura não plana.

vista de cima   vista de lado

Carlos observou o modelo de qual figura?

a) ☐ Cubo.   c) ☐ Paralelepípedo.

b) ☐ Pirâmide.   d) ☐ Cone.

5 A figura de 6 faces quadradas que tem comprimento, largura e altura de mesma medida é:

a) ☐ o cone.   c) ☐ o cubo.

b) ☐ o cilindro.   d) ☐ a pirâmide.

6 Roberto deu um giro de uma volta em torno de si mesmo. Em que posição ele parou?

cão

Roberto

a) ☐ De frente para o carro.

b) ☐ De costas para o carro.

c) ☐ De frente para o cachorro.

d) ☐ Na mesma posição em que estava inicialmente.

7 O relógio está marcando três horas. O ângulo formado entre os ponteiros, destacado em vermelho, é um ângulo:

a) ☐ que corresponde a uma volta.
b) ☐ agudo.
c) ☐ reto.
d) ☐ obtuso.

8 Qual é a alternativa **errada**?

a) ☐ Um quadrado tem 4 ângulos retos.
b) ☐ Um ângulo agudo tem a abertura menor que a abertura do ângulo reto.
c) ☐ Um ângulo obtuso tem a abertura menor que a abertura do ângulo reto.
d) ☐ Um retângulo tem 4 ângulos retos.

9 Em qual alternativa os dois polígonos são quadriláteros?

a) ☐ Triângulo e pentágono.
b) ☐ Retângulo e hexágono.
c) ☐ Quadrado e triângulo.
d) ☐ Retângulo e quadrado.

10 Em quais figuras podemos identificar pelo menos um ângulo reto?

☐   ☐   ☐

11 Assinale a alternativa correta.

a) ☐ Todo quadrado é um quadrilátero.
b) ☐ Todo quadrilátero é um quadrado.

Atividade interativa
Ângulos no relógio

Quebra-cuca

Augusto está observando uma figura não plana dentro da caixa.

"Daqui eu vejo um pentágono."

- Qual das figuras ele está observando?

☐   ☐   ☐

noventa e sete **97**

UNIDADE 4
Multiplicação e divisão

Para começar...

- Conte quantas rosas há em cada vaso amarelo.
  _____

- Quantas rosas há nos seis vasos amarelos?
  _____

Para refletir...

Se eu comprar todos os vasos de orquídeas que estão na barraca e distribuir, igualmente, entre minhas 5 tias, quantos vasos cada tia receberá? Sobrará algum vaso?

Tema 1. Multiplicação

Situações de multiplicação

Patrícia ganhou de presente uma boneca que vem acompanhada de 3 vestidos e 2 pares de sapatos. Pinte as possíveis combinações de 1 vestido e 1 par de sapatos com que Patrícia pode vestir a boneca.

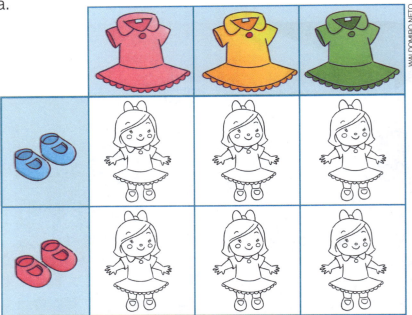

a) De quantas maneiras é possível vestir a boneca de Patrícia? _____

b) Que multiplicação está associada ao número de possibilidades para vestir a boneca de Patrícia com 1 vestido e 1 par de sapatos?

Multiplicação ▶ _____ × _____ = _____

Atividades

1 Cinco amigos foram a uma lanchonete. Cada um pediu um suco no valor de 3 reais e um sanduíche no valor de 5 reais.

a) Quantos reais eles gastaram juntos com os sucos? _____

b) E quanto eles gastaram juntos com os sanduíches? _____

2 Observe o tabuleiro de damas representado ao lado.

a) Quantas casas há ao todo nesse tabuleiro? _____

b) Como você fez para determinar o total de casas desse tabuleiro?

3 Observe a imagem e responda às questões.

a) No sábado, Juliana vendeu 6 tortas como as representadas ao lado. Quantos reais ela recebeu?

_____

b) Ontem, Juliana vendeu 9 dessas tortas. Quantos reais ela recebeu? _____

c) Se as tortas fossem vendidas por unidade, por qual valor Juliana poderia vender cada unidade? _____

d) Quanto ela teria arrecadado em cada dia se ela tivesse vendido as tortas por unidade? Faça os cálculos de acordo com o valor atribuído por você.

_____

 4 Leia o que Renata está dizendo e complete o quadro a seguir com as quantidades correspondentes.

Quantidade de quilogramas de massa	Quantidade de pastéis
1	30
2	
3	
4	

5 Para ganhar um brinde, Diana precisa completar a cartela de selos ao lado. Na cartela não há nenhum selo ainda.

Escreva a multiplicação cujo resultado seja o total de selos necessários para completar a cartela.

_____

6 Paulo ganhou 1 pacote de cada objeto ilustrado ao lado. Cada pacote continha 6 unidades do objeto. Quantos objetos Paulo ganhou ao todo?

_____

7 Diego foi a uma lanchonete que oferece diversas opções de vitaminas e lanches. Observe o cardápio e descubra quantas possibilidades Diego tem para escolher um tipo de vitamina e um tipo de lanche. _____

- Se tivesse mais uma opção de lanche, quantas possibilidades a mais Diego teria para escolher uma vitamina e um lanche? _____

8 Para fazer 40 brigadeiros, Romildo usou 1 lata de leite condensado, 2 colheres (de sopa) de margarina e 3 colheres (de sopa) de achocolatado em pó.

a) Qual seria a quantidade usada de cada ingrediente para fazer 80 brigadeiros?

_____

_____

b) Como você determinou a quantidade de cada ingrediente para fazer os 80 brigadeiros?

Propriedades da multiplicação

Colunas / Linhas

- Adriana quer saber quantos bombons há na caixa ao lado. Veja duas formas diferentes de calcular a quantidade de bombons que há na caixa.

Há 4 colunas com 3 bombons em cada uma.

Multiplicação ▶ 4 × 3 = _____

Fatores / Produto

Há 3 linhas com 4 bombons em cada uma.

Multiplicação ▶ 3 × 4 = _____

Fatores / Produto

$$4 \times 3 = 3 \times 4$$

Na caixa, há _____ bombons.

> Quando alteramos a ordem dos fatores em uma multiplicação, o produto não muda. Essa é a **propriedade comutativa da multiplicação**.

- Catarina comprou duas embalagens de garrafas de água, como a representada ao lado. Ao todo, quantas garrafas ela comprou? Se em uma embalagem há 3 × 4 garrafas, então em duas embalagens há 2 × 3 × 4 garrafas. Essa multiplicação pode ser resolvida de, pelo menos, duas formas:

2 × (3 × 4) =

= 2 × _____ =

= 24

ou

(2 × 3) × 4 =

= _____ × 4 =

= _____

$$2 \times (3 \times 4) = (2 \times 3) \times 4$$

Atividade interativa
Jogo da velha da multiplicação

Catarina comprou _____ garrafas.

> Quando associamos os fatores de uma multiplicação de modos diferentes, o resultado não muda. Chamamos esse fato de **propriedade associativa da multiplicação**.

cento e três 103

- Amanda está construindo um jogo de tabuleiro. Em algumas casas desse jogo, o jogador deverá multiplicar os pontos obtidos por determinado número.

  Se um jogador tiver, por exemplo, 2 pontos e cair em uma casa com o comando "multiplicar por 2", seus pontos passarão a ser iguais a 4, pois 2 × 2 = 4.

  a) Amanda quer que em uma dessas casas os pontos obtidos sejam transformados em zero. Qual deverá ser o comando para isso acontecer?

  _____

  b) E para que os pontos permaneçam os mesmos, qual deverá ser o comando?

  _____

Quando calculamos um número vezes 1 ou fazemos 1 vezes o número, o resultado é o próprio número. Dizemos que 1 é o **elemento neutro da multiplicação**.

Quando multiplicamos qualquer número por zero, o resultado é sempre zero. Dizemos que zero é o **elemento nulo da multiplicação**.

Atividades

1 Faça as multiplicações com uma calculadora.

a) 15 × 17 = _____   c) 13 × 21 = _____   e) 11 × 102 = _____

b) 17 × 15 = _____   d) 21 × 13 = _____   f) 102 × 11 = _____

- Você precisou fazer todas as multiplicações para descobrir o resultado? Justifique.

_____

_____

2 Observe o que Leila está dizendo.

a) Em que número Leila pensou?

   _____

b) Explique como você descobriu esse resultado.

Pensei em um número que é o resultado da multiplicação de 5 pelo dobro de 3.

3 Complete o quadro com os resultados das multiplicações. Os números que estão dentro dos parênteses devem ser multiplicados primeiro.

(2 × 3) × 4 = _____	2 × (3 × 4) = _____
(4 × 5) × 2 = _____	4 × (5 × 2) = _____
(5 × 2) × 3 = _____	5 × (2 × 3) = _____
(2 × 6) × 3 = _____	2 × (6 × 3) = _____

- O que você observa ao comparar o resultado da multiplicação da coluna à esquerda com o resultado da multiplicação correspondente da coluna à direita no quadro?

_____

_____

4 Observe a ilustração e responda às questões.

a) Que multiplicação representa a quantidade de latas na caixa ao lado?

_____

b) Quantas latas cabem em 2 caixas iguais a essa? _____

c) E em 4 caixas iguais a essa?

_____

5 Calcule mentalmente o resultado em cada caso.

a) 1 050 × 0 = _____

b) 1 050 × 1 = _____

c) 654 × 0 = _____

d) 654 × 1 = _____

e) 365 × 0 = _____

f) 365 × 1 = _____

- Você precisou fazer todas as multiplicações para descobrir o resultado? Justifique.

_____

_____

_____

cento e cinco 105

Vezes 10, vezes 100 e vezes 1000

Em uma campanha beneficente realizada pela Escola Aprender, foram arrecadados diversos produtos enlatados, como mostrado no gráfico ao lado.

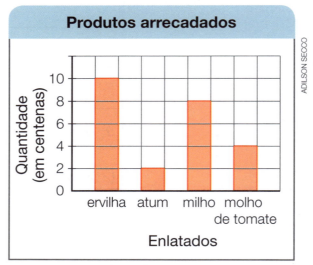

Produtos arrecadados

Fonte: Escola Aprender, 5 abr. 2018.

a) Quantas latas de cada produto foram arrecadadas?

Ervilha ▶ _____

Atum ▶ _____

Milho ▶ _____

Molho de tomate ▶ _____

b) Represente com uma multiplicação o total de latas arrecadadas.

_____

Atividades

1 Complete o quadro com os valores correspondentes e depois responda à questão.

×	10	100	1000
3	30	300	
4	40		
5			
7			
9			

Organize seu pensamento antes de falar suas observações.

- O que você percebeu em relação aos resultados das multiplicações no quadro? Converse com o professor e os colegas.

2 Calcule mentalmente os resultados em cada caso. Antes de fazer as adições, efetue cada operação que está dentro dos parênteses.

a) $(8 \times 100) + (5 \times 10) =$ _____ + _____ = _____

b) $(5 \times 100) + (7 \times 10) =$ _____ + _____ = _____

c) $(4 \times 1000) + (6 \times 100) + (9 \times 10) =$ _____ + _____ + _____ = _____

Vezes 20, vezes 30, vezes 40...

Complete os quadros. Depois, responda às questões.

Quadro I
4 × 20 = _____
4 × 2 × 10 = _____

Quadro II
5 × 30 = _____
5 × 3 × 10 = _____

Quadro III
6 × 40 = _____
6 × 4 × 10 = _____

a) O que você observou nos resultados das multiplicações de cada quadro?
_____

b) Como você calcularia mentalmente o resultado de 8 × 60?
_____
_____

Atividades

1 Talita comprou 3 cartelas com 20 etiquetas cada uma para identificar seu material escolar. Quantas etiquetas ela comprou no total?

Complete a fala que explica como Talita calculou 3 vezes 20 mentalmente.

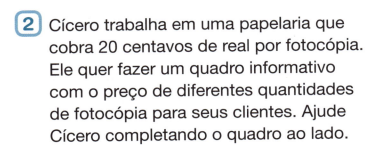

3 vezes 20 é o mesmo que 3 vezes _____ dezenas, que são _____ dezenas.
6 dezenas é o mesmo que 6 vezes _____.
Então, o resultado é _____.

Talita comprou _____ etiquetas.

2 Cícero trabalha em uma papelaria que cobra 20 centavos de real por fotocópia. Ele quer fazer um quadro informativo com o preço de diferentes quantidades de fotocópia para seus clientes. Ajude Cícero completando o quadro ao lado.

Quantidade de fotocópias	Preço
1	20 centavos
2	
3	
4	
5	

cento e sete 107

Multiplicação na reta numérica

Tiago colocou 6 caixas lado a lado no corredor da casa dele. Cada caixa mede 40 centímetros de comprimento. Juntas, elas ocuparam todo o comprimento de uma parede. Qual é a medida do comprimento dessa parede?

Essa medida pode ser obtida calculando 6 vezes 40 centímetros. Também podemos representar essa multiplicação em uma reta numérica, em que os números sejam indicados de 40 em 40 centímetros.

Observe e complete.

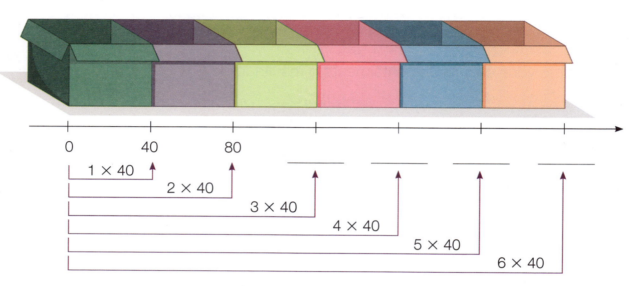

Esses números formam uma sequência cujo último número expressa a medida do comprimento total da parede em centímetros.

Portanto, a medida do comprimento da parede é _____ centímetros.

Atividades

1 Complete o esquema abaixo que indica a distância aproximada, em quilômetro, entre Florianópolis e outras duas capitais brasileiras. Note que cada espaço do esquema tem o mesmo tamanho.

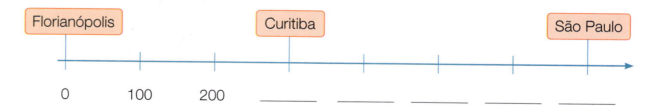

a) Qual é a distância aproximada entre Florianópolis e Curitiba? _____

b) Qual é a distância aproximada entre Florianópolis e São Paulo? _____

2 Ronaldo alinhou 10 tijolos. Cada tijolo mede 30 centímetros de comprimento. Complete a reta numérica que representa essa situação com os números até o 10º tijolo.

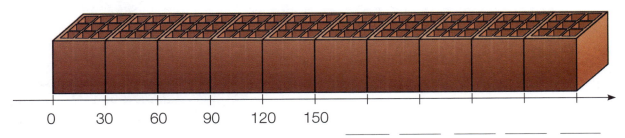

- Responda: qual é a medida do comprimento, em metro, desses 10 tijolos alinhados? _____

3 Rita fez um caminho com pedras quadradas da entrada de sua casa até o portão de saída, como mostrado abaixo.

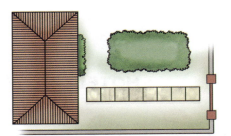

- Se cada pedra tem 60 centímetros de largura, quanto mede todo esse caminho?
_____
_____

4 O mapa abaixo mostra a distância em linha reta entre as cidades de Uruguaiana e Santa Cruz do Sul, no estado do Rio Grande do Sul. Leia o que Malu está dizendo e responda à pergunta feita por ela.

Elaborado com base em: IBGE. *Atlas geográfico escolar*. 7. ed. Rio de Janeiro: IBGE, 2016.

Cada um dos trechos indicados por ⊢—⊣ corresponde a 150 quilômetros.

Qual é a distância real entre Uruguaiana e Santa Cruz do Sul?

_____
_____

cento e nove **109**

Algoritmos da multiplicação

- Yuri organizou suas figurinhas em 5 grupos com 117 figurinhas cada um. Ao todo, quantas figurinhas Yuri tem?

  Complete o cálculo de 5 × 117 por decomposição para saber a quantidade de figurinhas que Yuri tem.

  ### Cálculo por decomposição

  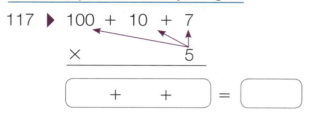

  ☑ Primeiro, decompomos 117 em 100 + 10 + 7.

  ☑ Depois, multiplicamos as centenas, as dezenas e as unidades por 5.

  ☑ E, então, adicionamos os resultados encontrados.

  Yuri tem _____ figurinhas.

- Juliana vai se hospedar em um hotel por 6 dias.
  O valor da diária é 132 reais. Quantos reais ela vai gastar com as diárias?

  Complete o cálculo de 6 × 132 usando o algoritmo usual para saber quantos reais Juliana vai gastar.

  ### Cálculo com o algoritmo usual

  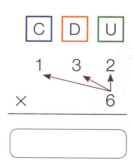

  ☑ Primeiro, multiplicamos as unidades por 6.
  6 vezes 2 unidades são 12 unidades, que é o mesmo que 1 dezena e 2 unidades.

  ☑ Em seguida, multiplicamos as dezenas por 6.
  6 vezes 3 dezenas são 18 dezenas.
  18 dezenas mais 1 dezena são 19 dezenas, que é o mesmo que 1 centena mais 9 dezenas.

  ☑ Depois, multiplicamos as centenas por 6.
  6 vezes 1 centena são 6 centenas.
  6 centenas mais 1 centena são 7 centenas.

  Juliana vai gastar _____ reais com as diárias.

Atividades

1 Descubra a multiplicação que corresponde ao cálculo feito por Viviane.

> Primeiro calculei 3 vezes 100, que é igual a 300. Em seguida, fiz 3 vezes 20, que é igual a 60. Depois calculei 3 vezes 3, que é igual a 9. Adicionei esses resultados e obtive 369.

_____

- Agora, usando o mesmo raciocínio de Viviane, calcule o resultado de 4 × 211.

2 Em um supermercado, há duas áreas usadas como estacionamento. Em cada uma, há 385 vagas para carros. Quantos carros são necessários para ocupar todas as vagas disponíveis? _____

3 Calcule o resultado de cada multiplicação.

a) C D U
    1 2 1
  ×   5
  _____

b) C D U
    1 3 2
  ×   7
  _____

c) C D U
    3 7 1
  ×   4
  _____

d) C D U
    2 4 6
  ×   5
  _____

4 Aline quer enfeitar 6 toalhas com fita de seda. Para cada toalha ela usará 45 centímetros de fita. Quantos centímetros de fita de seda ela usará ao todo? _____

5 Resolva as atividades propostas nos adesivos 1 e 2 da Ficha 25.

cento e onze **111**

Multiplicação com fatores com mais de um algarismo

- Alice comprou 14 caixas com 12 marias-moles cada uma. Quantas marias-moles ela comprou?

Para saber a quantidade de marias-moles, podemos calcular o resultado de 14 × 12, completando o cálculo abaixo.

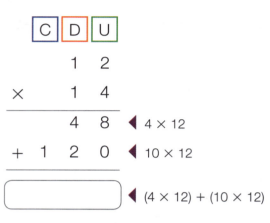

✓ Primeiro, calculamos 4 vezes 12.
  4 vezes 2 unidades são 8 unidades.
  4 vezes 1 dezena são 4 dezenas.
  4 dezenas e 8 unidades é o mesmo que 48.

✓ Depois, calculamos 10 vezes 12.
  10 vezes 2 unidades são 20 unidades ou 2 dezenas.
  10 vezes 1 dezena são 10 dezenas ou 1 centena.
  1 centena e 2 dezenas é o mesmo que 120.

✓ Finalmente, adicionamos os resultados de 4 × 12 e 10 × 12.

Alice comprou _____ marias-moles.

- Felipe comprou um *tablet* em 13 parcelas de 123 reais cada uma. Quanto custou o *tablet*?

Para saber quanto custou o *tablet*, podemos calcular o resultado de 13 × 123, completando o cálculo abaixo.

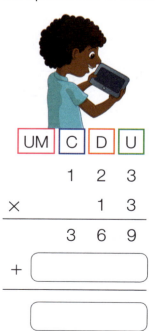

✓ Primeiro, calculamos 3 vezes 123.
  3 vezes 3 unidades são 9 unidades.
  3 vezes 2 dezenas são 6 dezenas.
  3 vezes 1 centena são 3 centenas.

✓ Depois, calculamos 10 vezes 123.
  10 vezes 3 unidades são 30 unidades ou 3 dezenas.
  10 vezes 2 dezenas são 20 dezenas ou 2 centenas.
  10 vezes 1 centena são 10 centenas ou 1 unidade de milhar.

✓ Finalmente, adicionamos os resultados de 3 × 123 e 10 × 123.

O *tablet* custou _____ reais.

Atividades

1 Usando uma calculadora, calcule o resultado de 12 × 34 sem apertar a tecla 2 . Registre os cálculos que você fez.

2 O gráfico abaixo mostra a quantidade de pessoas que assistiram a um espetáculo no Teatro Verde em uma semana. O ingresso custa 10 reais para quem é estudante e 23 reais para não estudantes. Quantos reais foram arrecadados no total nessa semana?

Fonte: Teatro Verde, semana de 9 ago. 2018.

3 Veja como Beatriz calculou o resultado da multiplicação 24 × 22. Depois, faça o que se pede.

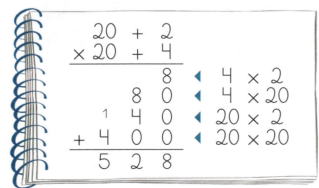

- Reúna-se com um colega e calculem o resultado de 13 × 33 de uma forma diferente. Em seguida, registre a forma como vocês pensaram.

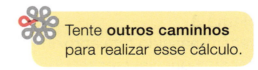

Tente **outros caminhos** para realizar esse cálculo.

4 Elabore, em seu caderno, um problema envolvendo os números 363 e 25 que possa ser resolvido por meio de uma multiplicação. Depois, peça a um colega que o resolva.

5 Resolva as atividades propostas nos adesivos 3 a 6 da Ficha 25.

cento e treze

Compreender problemas

Para resolver

Problema 1
Para preparar um churrasco, Marcos comprou 5 kg de linguiça, 3 kg de picanha e 2 kg de coração de frango, no açougue perto de sua casa.

Observe na tabela o preço de cada produto. Quanto Marcos gastou no total?

Tabela de preços

Produto	Preço do quilograma
Asa de frango	11 reais
Linguiça	12 reais
Coração de frango	16 reais
Contrafilé	20 reais
Picanha	36 reais

Fonte: Tabela de preços do açougue, 6 jun. 2018.

Problema 2
Um prédio tem 21 andares, e cada andar tem 4 apartamentos. Todos os apartamentos têm 3 dormitórios e são habitados por 4 pessoas cada um.

Quantas pessoas moram nesse prédio?

Problema 3
Um recém-nascido tem aproximadamente 300 ossos e, à medida que vai crescendo, alguns ossos se juntam, formando um só osso. Os adultos têm 206 ossos, dos quais 27 estão em cada mão.

Qual é o total de ossos das duas mãos de 15 adultos?

Para refletir

1. Quais dados são necessários para responder à questão do *Problema 1*?

_____

_____

_____

 2. Pinte os cálculos que são necessários para resolver o *Problema 1*.

| 5 × 12 | 2 × 16 | 2 × 33 | 3 × 14 |

| 3 × 36 | 5 + 3 + 2 | 60 + 108 + 32 |

3. Você usou todos os dados do *Problema 2* para resolvê-lo? Justifique.

_____

_____

4. Reescreva o *Problema 3* de modo que só permaneçam as informações necessárias para resolvê-lo.

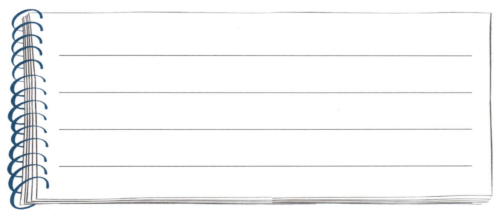

 Organize seus pensamentos antes de escrever o novo enunciado.

5. Reúna-se com um colega e façam no caderno o que se pede.

   a) Criem uma nova questão para o *Problema 1* de modo que todas as informações da tabela sejam utilizadas para responder à questão.

   b) Com base nos dados do *Problema 2*, inventem outra questão, de modo que a informação da quantidade de dormitórios seja necessária.

   c) Criem uma questão com base nos dados do *Problema 3* de modo que a resposta seja 94 ossos.

cento e quinze

Compreender informações

Possibilidades

1) Na escola em que Ana estuda, estão rifando uma bicicleta. A rifa tem 100 números, e somente um será sorteado. Ana comprou 3 números dessa rifa, e Adriano, 4 números.

a) Há quantas possibilidades de sorteio nessa rifa?
___

b) Se Ana comprou 3 números, quantas possibilidades ela tem de ser sorteada?
___

c) E Adriano, quantas possibilidades ele tem de ser sorteado?
___

d) Quem tem mais chance de ser sorteado, Ana ou Adriano? Justifique sua resposta.
___
___

e) Uma pessoa que comprou 1 número dessa rifa terá mais ou menos chance de ser sorteada que Ana? Por quê?
___
___

f) Quantos números deveriam ser comprados para que se tenha certeza de ganhar a bicicleta? Justifique sua resposta.
___
___

2 Raquel esqueceu a senha de sua conta bancária, que é composta de quatro dígitos. Ela lembra apenas que a senha é formada pelos números 6, 7, 8 e 9, mas não lembra a ordem em que eles devem ser digitados.

a) Complete a lista a seguir com as possibilidades de senha da conta bancária de Raquel.

6789	7689	8679	9678
6798	7698	8697	9687
6879	7869	8769	9768
6897	7896	8796	
6978	7968		
6987	7986		

b) Há quantas possibilidades de formar a senha bancária com esses 4 números?

_____

c) Se Raquel lembrar o primeiro número de sua senha, a chance de ela digitar a senha correta será maior ou menor? Justifique sua resposta.

_____

_____

d) Raquel só pode digitar a senha incorreta em duas tentativas, pois na terceira, se a senha for incorreta, o cartão será bloqueado e ela não poderá sacar seu dinheiro. Se Raquel lembrar os dois primeiros números de sua senha, ela conseguirá sacar seu dinheiro? Converse sobre isso com o professor e os colegas.

_____

_____

cento e dezessete

1 O gato sairá da casa azul e chegará à casa verde. Ele passará por todas as casas que têm produto igual a 600. Pinte as casas pelas quais o gato passará.

2 × 100	6 × 1 000	2 × 1 000	15 × 40
4 × 10	20 × 30	30 × 20	40 × 20
3 × 200	40 × 10	7 × 100	30 × 50
60 × 10	30 × 30	2 × 10	25 × 20

2 Daniela montou 18 modelos de cubo e 18 modelos de pirâmide para fazer figuras como as representadas abaixo. Para isso, ela usou triângulos e quadrados de papel. Agora, responda às questões.

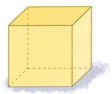 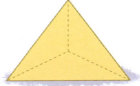

a) Quantos triângulos de papel ela usou para fazer os modelos de pirâmide?

_____

b) Quantos quadrados de papel ela usou para fazer os modelos de cubo?

_____

3 Leia o diálogo entre Yuri e Malu e responda à questão.

"Essas 3 latinhas de 355 mℓ têm a mesma capacidade que uma garrafa de 1 litro."

"Yuri, você se enganou, pois 1 litro é o mesmo que 1 000 mℓ."

• Por que Malu disse que Yuri se enganou?

_____

_____

4 Fabiana quer saber quantos pés de laranja da fazenda de sua avó já estão produzindo frutos. Ela observou que os pés de laranja estão em uma disposição retangular, com 14 fileiras com 17 pés de laranja cada uma. Depois, verificou que 12 pés não estavam produzindo laranjas. Quantos pés de laranja da fazenda da avó de Fabiana estão produzindo frutos?

_____

5 Calcule.

a)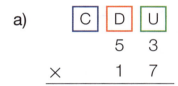

C	D	U
	5	3
×	1	7

c)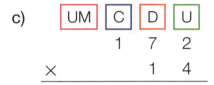

UM	C	D	U
	1	7	2
×		1	4

b)

UM	C	D	U
	1	4	6
×		1	7

d)

C	D	U
	3	5
×	2	3

6 Uma máquina embala chocolates em saquinhos. Em cada saquinho, são colocados 15 chocolates. A máquina embala 1 231 saquinhos por dia. Quantos chocolates são embalados por dia? _____

7 Resolva as atividades propostas nos adesivos 7 a 9 da Ficha 25.

cento e dezenove 119

Divisão

Situações de divisão

Veja como Ariane explicou a Felipe de que maneira ela pensou para obter o resultado de 54 dividido por 3.

> Eu subtraí 3 de 54, depois subtraí 3 do resultado obtido e, assim por diante, fui fazendo subtrações sucessivas até não sobrar nada. Depois, contei quantas vezes subtraí o número 3.

> Entendi! O resultado da divisão é a quantidade de número 3 que você tirou de 54 até chegar em zero.

 a) O pensamento de Ariane está correto? Justifique sua resposta.

b) Qual foi o resultado encontrado por Ariane nessa divisão? _____

 c) Pense em outra maneira para fazer a divisão de 75 por 5 e escreva o resultado encontrado. Depois converse com o professor e os colegas sobre o modo como você fez essa divisão. _____

Atividades

1 Para a aula de Educação Física, a professora Luciana dividiu os alunos em equipes e distribuiu 40 bambolês igualmente entre as equipes. Cada equipe recebeu 2 bambolês.

Quantas equipes foram formadas para essa aula? _____

2 Carla recebeu uma encomenda de 312 salgadinhos que serão entregues em 6 caixas. Em cada caixa, será colocada a mesma quantidade de salgadinhos e não haverá sobra. As caixas vão ficar completas. Veja como Carla fez para descobrir a quantidade de salgadinhos que ela deve colocar em cada caixa.

> Para descobrir, dividi o número total de salgadinhos pelo número total de caixas. O resultado é a quantidade de salgadinhos que devo colocar em cada caixa.

Cada caixa foi entregue com quantos salgadinhos? _____

3 Cláudia comprou 10 camisetas de mesmo modelo por 80 reais, no total. Quanto ela pagou por 5 dessas camisetas?

_____

4 Leia o que Alice está dizendo e responda à questão.

Todos os dias leio 20 páginas deste livro.

• O livro tem 100 páginas. Em quantos dias Alice consegue ler esse livro inteiro?

_____

5 Em um domingo, uma lanchonete vendeu 270 reais em sanduíches.

a) Se cada sanduíche custa 9 reais, quantos sanduíches foram vendidos nesse dia?

_____

b) Na segunda-feira, a venda de sanduíches foi metade da venda de domingo. Quantos sanduíches foram vendidos na segunda-feira? _____

c) Elabore uma pergunta envolvendo o número 25 e os dados do problema, para que seja resolvido por uma divisão. Compartilhe sua pergunta com os colegas de classe.

6 Quatro colegas ganharam algumas balas, que foram distribuídas igualmente entre eles, e sobraram 2 balas. Se havia menos de 20 balas, quantas balas eles ganharam para serem distribuídas?

_____
_____

cento e vinte e um **121**

Divisão exata e não exata

Ana quer distribuir 18 cerejas inteiras igualmente entre 3 bolos sem que haja sobra.

Para determinar a quantidade de cerejas que deve colocar em cada bolo, Ana calculou o resultado de 18 ÷ 3.

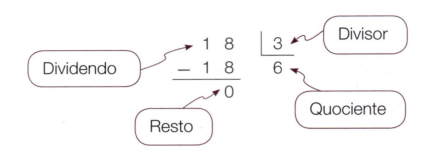

Quando o resto de uma divisão é zero, dizemos que a divisão é **exata**. Caso contrário, a divisão é **não exata**.

Ana deve colocar _____ cerejas em cada bolo.

- Se, em vez de 18 cerejas inteiras, Ana tivesse 20 cerejas inteiras, ela conseguiria distribuí-las igualmente entre 3 bolos sem que houvesse sobras?

Atividades

1 Observe a ilustração e complete.

Nossa turma de treino de basquete tem 28 alunos.

Se montarmos times com 5 alunos cada um, quantos times teremos?

Teríamos _____ times, mas sobrariam _____ alunos.

2 Marlene tinha alguns ovos e colocou-os de 4 em 4 em algumas cestas. Sobraram 3 ovos. Marque com um **X**, entre os números a seguir, aquele que pode indicar a quantidade de ovos que Marlene tinha.

☐ ☐ ☐ ☐

- Agora, explique como você descobriu a quantidade de ovos.

Algoritmos da divisão

- Um livro tem 87 páginas distribuídas igualmente entre 3 capítulos. Quantas páginas tem cada capítulo desse livro?

Veja como Mariana resolveu esse problema e complete com os valores correspondentes.

Para resolver esse problema, precisamos dividir 87 por 3.

Dividimos __8__ dezenas por __3__.
Obtemos __2__ dezenas, e sobram __2__ dezenas.

D	U
8	7	3
−6		2
2		D

$2 \times 3 = 6$

As __2__ dezenas que restaram e as __7__ unidades formam __27__ unidades.

D	U
8	7	3
−6		2
2	7	D

Dividimos __27__ unidades por ____.
Obtemos ____ unidades e sobra ____ unidade.

D	U
8	7	3
−6		2 9
2	7	D U
−2	7	
0		

$9 \times 3 = 27$

$87 \div 3 = $ ____

O quociente da divisão 87 ÷ 3 é ____, e o resto é ____.

Então, cada um dos 3 capítulos do livro tem ____ páginas.

Para conferir se a divisão foi feita corretamente, podemos calcular (divisor × quociente + resto) e verificar se o resultado é igual ao dividendo, que nesse caso é o total de páginas do livro (87).

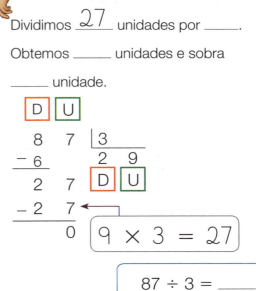

- Agora, calcule o quociente e o resto de cada divisão. Depois, faça a verificação.

a) 69 ÷ 3

b) 76 ÷ 4

c) 86 ÷ 5

cento e vinte e três 123

Atividades

1. A prefeitura de um município comprou 268 mudas de árvores frutíferas para distribuir igualmente entre 4 parques. Luís ficou encarregado de fazer a distribuição. Para saber quantas mudas seriam plantadas em cada parque, ele dividiu 268 por 4.
Veja como Luís fez essa divisão.

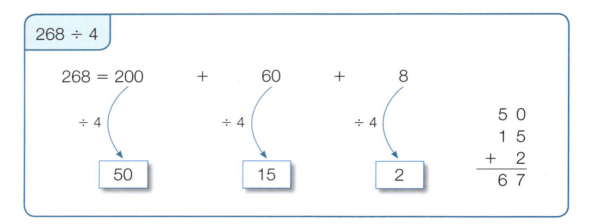

268 ÷ 4

268 = 200 + 60 + 8

÷ 4 → 50
÷ 4 → 15
÷ 4 → 2

```
   5 0
   1 5
+    2
------
   6 7
```

Em cada parque foram plantadas _____ mudas de árvores.

a) Explique a um colega o cálculo que Luís fez.

b) No ano passado, 844 mudas de flores foram distribuídas igualmente entre esses parques. Quantas mudas de flores cada parque recebeu? Calcule e compare a resposta com a de seu colega. _____

2. Regina explicou como fez para dividir 1 055 por 5. Complete a explicação.

Primeiro, dividi 1 000 por 5. O resultado foi _____.

Depois, dividi 50 por 5, e o resultado foi _____.

No fim, dividi _____ por 5, que é igual a _____.

Adicionei os quocientes parciais, e o resultado foi _____.

124 cento e vinte e quatro

3 Marque com um **X** somente as alternativas nas quais a frase apresenta informações verdadeiras.

☐ O quociente da divisão 484 ÷ 4 é igual a: 100 + 20 + 1

☐ Dividindo 333 por 3, obtemos o resultado igual a: 1 + 1 + 1

☐ O quociente da divisão 848 ÷ 4 é igual a: 200 + 1 + 2

☐ Dividindo 999 por 3, obtemos o resultado igual a: 300 + 30 + 3

- Reescreva as frases que você não marcou, modificando-as de modo que as torne afirmações verdadeiras.

_____

_____

4 Calcule mentalmente e registre o quociente e o resto de cada divisão.

a) 693 ÷ 3 _____

b) 842 ÷ 2 _____

c) 489 ÷ 4 _____

d) 508 ÷ 5 _____

5 Observe a divisão que Luís fez.

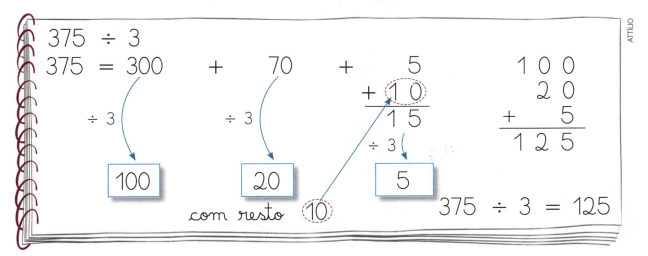

a) Agora, explique a um colega os cálculos de Luís.

b) Calcule a divisão de 656 por 5 usando o mesmo procedimento de Luís. Qual foi o resultado encontrado?

_____

cento e vinte e cinco **125**

Estimativas

Francisco e Milton precisam embalar 144 broas de fubá em pacotes com 4 unidades cada um. De quantos pacotes eles precisarão?

Veja como Francisco e Milton dividiram 144 por 4 fazendo estimativas diferentes e complete as lacunas.

Cálculo de Francisco

Quantos **4** cabem em **144**?
Estimei que coubessem **30**.

___30___ × ___4___ = _____

Mas ainda restaram _____ para dividir por 4.

```
144  | 4
-120 | 30
 24
```

Quantos **4** cabem em **24**?
Com certeza **6**, pois:

___6___ × ___4___ = _____

O quociente dessa divisão é a soma dos quocientes parciais.

___30___ + ___6___ = _____

```
144  | 4
-120 | 30
 24  | + 6
-24  | 36
  0
```

Cálculo de Milton

Quantos **4** cabem em **144**?
Estimei que coubessem **25**.

_____ × ___4___ = _____

Mas ainda restaram _____ para dividir por 4.

```
144  | 4
-100 | 25
 44
```

Quantos **4** cabem em **44**?
Com certeza **11**, pois:

_____ × ___4___ = _____

Então, o quociente dessa divisão é:

_____ + ___11___ = _____

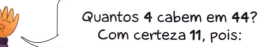

```
144  | 4
-100 | 25
 44  | + 11
-44  | 36
  0
```

Francisco e Milton precisarão de _____ pacotes.

> Fazer estimativas diferentes não altera o quociente final da divisão.

Atividades

1 Faça as divisões por estimativas para encontrar o quociente e o resto de cada uma.

a) 135 ÷ 5

b) 162 ÷ 3

c) 169 ÷ 7

135 ÷ 5 = _____

com resto _____

162 ÷ 3 = _____

com resto _____

169 ÷ 7 = _____

com resto _____

2 Lívia comprou uma máquina de lavar roupas como a mostrada abaixo nas seguintes condições: pagou 350 reais no ato da compra e dividiu o restante em 5 prestações iguais. Quanto Lívia pagará em cada prestação?

Lívia pagará _____ reais em cada prestação.

3 Na divisão de um número por 6, os quocientes parciais foram 13, 7 e 2. Sabendo que o resto da divisão foi igual a zero, qual era o dividendo?

4 Resolva as atividades propostas nos adesivos 1 a 4 da Ficha 26.

Relação entre multiplicação e divisão

Observe os vasos com flores e, depois, responda às questões.

a) Quantas flores há no total? Nessa situação, que multiplicação tem como resultado o número total de flores? _____

b) Podemos dizer que as 30 flores estão divididas igualmente entre 5 vasos. Nessa situação, que divisão tem como resultado o número de flores de cada vaso?
_____

c) Podemos dizer, também, que as 30 flores estão distribuídas em vasos com 6 flores cada um. Nessa situação, que divisão tem como resultado o número de vasos? _____

- Observe que os números 5, 6 e 30 podem ser relacionados por meio de duas multiplicações e de duas divisões.

$$5 \times 6 = 30 \qquad 6 \times 5 = 30 \qquad 30 \div 6 = 5 \qquad 30 \div 5 = 6$$

Atividades

1 Escreva duas multiplicações e duas divisões usando somente os três números em cada caso, sem repeti-los.

a) 2, 5 e 10

b)  18, 6 e 3

c)  20, 4 e 5

2 Veja os cálculos que Juliana fez para conferir uma divisão.

Eu precisava saber quantos grupos de 4 pessoas poderiam ser formados com 36 pessoas. Então, dividi 36 por 4 e obtive o resultado 9, ou seja, 9 grupos.

Para saber se minha divisão estava certa, fiz 4 vezes 9 e obtive 36. Então, tive certeza de ter calculado corretamente.

- Agora, verifique se cada divisão está correta ou incorreta. Depois, justifique cada resposta escrevendo uma multiplicação.

   a) $48 \div 6 = 8$ ▶ _____

   b) $36 \div 5 = 4$ ▶ _____

   c) $45 \div 9 = 5$ ▶ _____

   d) $27 \div 3 = 8$ ▶ _____

3 Tânia apertou as seguintes teclas na calculadora:

[8] [4] [?] [4] [=], e no visor apareceu [21].

a) Que operação Tânia fez? _____

b) Tendo no visor [21], desenhe as teclas que Tânia deve apertar para que volte a aparecer [84].

4 Descubra o número em que cada criança pensou e escreva-os.

Pensei em um número e, depois, o multipliquei por 7. O resultado foi 63.

Pensei em um número e o dividi por 4. Obtive como resultado 25.

Leandro   Marisa

- Explique a um colega como você descobriu o número em cada caso.

cento e vinte e nove **129**

Divisor com dois algarismos

Qual é o resultado da divisão 814 ÷ 13? Complete a resolução a seguir.

Como __8__ centenas divididas por __13__ não resultam em centena, dividimos __81__ dezenas por ____.

C D U
8 1 4 | 13

Dividindo __81__ dezenas por ____, obtemos __6__ dezenas e restam __3__ dezenas.

__3__ dezenas e 4 unidades formam ____ unidades.

C D U
8 1 4 | 13
− 7 8 | 6
------- | D
0 3 4

Rascunho
1 × 13 = 13
2 × 13 = 26
3 × 13 = 39

²13   ¹13
× 7   × 6
----   ----
 91   78

Dividimos ____ unidades por ____.

Obtemos ____ unidades, e restam ____ unidades.

C D U
8 1 4 | 13
− 7 8 | 6 2
------- | D U
0 3 4
− 2 6
----
0 8

814 ÷ 13 = ____, e restam ____.

Atividades

1 Veja como Marina fez uma divisão por estimativas.

Quantos **3** cabem em **192**? Estimei que coubessem **60**, pois 60 × 3 = 180, mas ainda restaram 12 para dividir por 3.

Quantos **3** cabem em **12**? Com certeza **4**, pois: 4 × 3 = 12. O quociente dessa divisão é a soma dos quocientes parciais: 60 + 4 = 64.

- Agora, faça o que se pede.

   a) Qual foi a divisão feita por Marina? Qual foi o resultado dessa divisão?
   _____

   b) Faça como Marina e calcule o resultado da divisão 965 ÷ 7.
   _____

2 Breno comprou 264 m de arame para cercar seu terreno retangular. Veja o esquema ao lado.

Com esse arame que comprou, é possível dar quantas voltas completas ao redor do terreno?

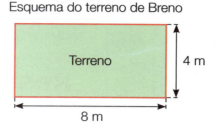

Esquema do terreno de Breno

_____

3 Observe o exemplo e determine o fator que falta em cada caso.

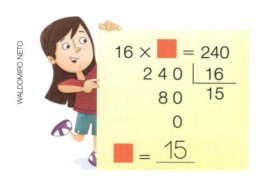

$16 \times \blacksquare = 240$

$$\begin{array}{r|l} 240 & \underline{16} \\ 80 & 15 \\ 0 & \end{array}$$

$\blacksquare = \underline{15}$

$45 \times \blacksquare = 810$

$\blacksquare = $ _____

$31 \times \blacksquare = 6541$

$\blacksquare = $ _____

$93 \times \blacksquare = 6417$

$\blacksquare = $ _____

4 Uma empresa de transportes dispõe de vários ônibus. Cada um acomoda 36 pessoas por viagem. Para realizar uma excursão que levará 457 alunos, quantos ônibus, no mínimo, serão necessários?

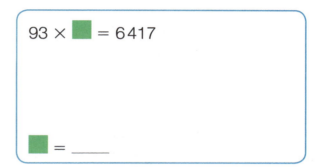

Serão necessários, no mínimo, _____ ônibus para realizar a excursão.

5 Crie um problema que possa ser resolvido por meio de uma divisão exata e outro que possa ser resolvido por uma divisão não exata. Depois, peça a um colega que os resolva.

cento e trinta e um

Vamos jogar?

Restou, ganhou!

PARA JOGAR MUITAS VEZES

Material: Cartas numeradas das Fichas 16 e 17, lápis e papel.

Jogadores: 2 a 4.

Regras:

- As cartas devem ser embaralhadas e divididas em três montes de 12 cartas cada um, colocados no centro da mesa com os algarismos virados para baixo. Os algarismos das cartas de dois desses montes formarão o dividendo, e o algarismo da carta do outro monte será o divisor.

- Sorteia-se quem vai começar. Cada jogador, na sua vez, escolhe os montes que formarão o dividendo e o monte do divisor e vira uma carta de cada monte para realizar a divisão. Por exemplo, se as cartas dos montes escolhidos para formar o dividendo forem 2 e 4 e a carta do monte do divisor for 3, pode-se fazer 24 ÷ 3 ou 42 ÷ 3.

- O resto da divisão determinará quantos pontos o jogador fará naquela rodada. Se o resto for 0, o jogador não marcará ponto.

- A cada rodada, o jogador anota seus pontos, ou seja, o resto da divisão, e descarta as cartas usadas.

- Quando as cartas dos montes acabarem, cada jogador deve adicionar seus pontos.

- Ganha quem conseguir mais pontos ao término das cartas.

Depois de jogar

1. Nesse jogo, é bom obter resto zero para a divisão? Por quê?

   _____

2. Um jogador tirou as cartas 4 e 7 para o dividendo e a carta 4 para o divisor. Em qual das duas situações, 47 ÷ 4 ou 74 ÷ 4, ele poderá obter o maior resto?

   _____

   _____

3. Qual é a maior pontuação que um jogador pode obter em uma jogada? Dê uma combinação de cartas para essa situação.

   _____

4. Observe as situações de jogo e responda.

   a) A menina está feliz porque obteve a maior pontuação da jogada. Qual é o número da carta que está na mão esquerda da menina?

   _____

   b) Mesmo sem saber as cartas do dividendo, o jogador ficou triste. Por quê?

   _____

   _____

Matemática em textos

Leia

A viagem dos sonhos

Nas férias e nos feriados prolongados, é bastante comum as pessoas viajarem. E para que a viagem seja um sucesso é importante planejar algumas coisas antes de colocar o pé na estrada.

A primeira parte do planejamento requer a escolha do destino, a definição da quantia disponível para a realização de toda a viagem (incluindo traslados, hospedagem, alimentação, passeios e uma reserva emergencial), a data de início e o período da viagem.

Yuri e sua família estão programando uma viagem para janeiro do próximo ano. Ao conversarem com um agente de viagens, eles tiveram acesso a algumas ofertas de pacotes no *site* da companhia. Observe as informações apresentadas e reflita sobre qual pode ser a escolha da família de Yuri.

ARRAIAL D'AJUDA
Beira-Mar Hotel
Pacote de **7 noites** com café da manhã
A partir de **10×**
R$ 77,00
ou à vista R$ 770,00
Veja as regras

SERRA GAÚCHA
Gramado Hotel
4 noites com café da manhã
A partir de **10×**
R$ 80,00
ou à vista R$ 800,00

CALDAS NOVAS
Hotel da Vila
3 noites com café da manhã e jantar
A partir de **10×**
R$ 105,00
Valor total R$ 1.050,00

MACEIÓ
Praia Top Hotel
7 noites com café da manhã
A partir de **10×**
R$ 175,00
Valor total R$ 1.750,00

FOZ DO IGUAÇU
Hotel Foz
3 noites com café da manhã
A partir de **10×**
R$ 63,00
Valor total R$ 630,00

Responda

Converse com os colegas e o professor sobre o significado da expressão *a partir de* nos anúncios da página anterior. Depois, escreva sua conclusão.

_____
_____
_____
_____

Analise

1 Converse com um colega e faça o que se pede.

a) Estime que pacote oferece a diária com menor valor.

_____

b) Estime que pacote oferece a diária com maior valor.

_____

c) Calcule os valores das diárias oferecidas nos pacotes e complete.

Arraial d'Ajuda: _____   Foz do Iguaçu: _____

Maceió: _____   Serra Gaúcha: _____

Caldas Novas: _____

2 Analise as opções de pacotes de viagem que estão ilustradas na página anterior e escolha uma delas. Justifique sua escolha.

_____
_____
_____

Aplique

Você e sua família já planejaram e realizaram alguma viagem?
Conte sua experiência aos seus colegas.

Pratique mais

1 Elaine tem 96 centímetros de tecido, que ela cortará em 4 tiras de mesmo comprimento. Qual será o comprimento de cada tira? Sobrará tecido?

_____

2 Uma equipe de handebol é composta de 7 jogadores. Quantas equipes podem ser formadas com 86 jogadores? Sobram jogadores? Quantos?

_____

Atividade interativa
Divisão

3 Em março, Débora gastou 60 reais na compra de pacotes de folhas de papel sulfite. Em abril, ela gastou 120 reais. Observe o gráfico que Débora fez e responda às questões.

a) Quantos reais Débora gastou na compra de cada pacote de folhas de papel sulfite no mês de março? _____

b) Qual foi a diferença entre os preços do pacote de folhas de papel sulfite nesses dois meses?

_____
_____

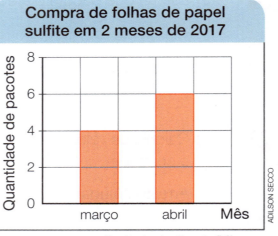
Fonte: Anotações de Débora.

4 Escreva duas divisões relacionadas a cada multiplicação.

a) ☐ — 3 × 18 = 54 — ☐

b) ☐ — 6 × 7 = 42 — ☐

c) ☐ — 7 × 9 = 63 — ☐

d) ☐ — 4 × 50 = 200 — ☐

e) ☐ — 7 × 200 = 1 400 — ☐

5 Humberto colheu 192 maçãs em seu pomar e colocou-as em saquinhos com 12 unidades cada um para vender em uma quitanda. Apenas 7 desses saquinhos não foram vendidos. Quantas maçãs Humberto vendeu?

Humberto vendeu _____ maçãs.

 6 Mauro comprou o sofá mostrado ao lado, cujo preço foi dividido em 7 prestações iguais. Qual foi o valor aproximado de cada prestação?

_____

 7 Responda às questões.

a) Ao apertar as teclas `4` `8` `÷` `6` `=` , que número aparecerá no visor da calculadora? _____

b) Desenhe as teclas para conferir esse cálculo.

c) Sem usar a tecla de dividir `÷` , calcule o resultado da divisão 84 ÷ 12 com uma calculadora. Desenhe as teclas que você apertou para descobrir o quociente dessa divisão.

• Explique seu raciocínio para um colega.

 8 Um feirante distribuiu 7 dúzias de caju igualmente entre 6 bandejas, das quais apenas 4 foram vendidas. Quantos cajus não foram vendidos? _____

 9 Resolva as atividades propostas nos adesivos 5 a 7 da Ficha 26.

Cálculo mental

1 Yuri calculou 50 ÷ 6 mentalmente. Veja como ele pensou.

Não sei o resultado de 50 ÷ 6, mas sei de cor que 48 ÷ 6 = 8, porque 6 × 8 = 48 ou 8 × 6 = 48.

Então, como 50 = 48 + 2, é fácil descobrir que a divisão 50 ÷ 6 tem quociente 8 e resto 2.

```
       50 ÷ 6
       48 + 2
48 ÷ 6 = 8      restam 2
```

Divisão	Quociente	Resto
50 ÷ 6	8	2

- Agora, faça as divisões como Yuri.

a) 62 ÷ 7

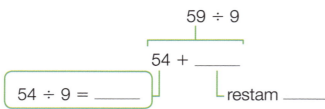

```
       62 ÷ 7
       56 + ___
56 ÷ 7 = ___    restam ___
```

Divisão	Quociente	Resto
62 ÷ 7		

b) 59 ÷ 9

```
       59 ÷ 9
       54 + ___
54 ÷ 9 = ___    restam ___
```

Divisão	Quociente	Resto
59 ÷ 9		

c) 44 ÷ 5

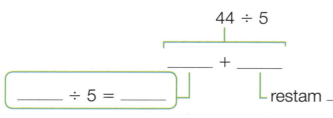

```
       44 ÷ 5
       ___ + ___
___ ÷ 5 = ___    restam ___
```

Divisão	Quociente	Resto
44 ÷ 5		

2 Calcule mentalmente o quociente das divisões.

a) 284 ÷ 2 = _____   c) 120 ÷ 4 = _____   e) 820 ÷ 4 = _____

b) 639 ÷ 3 = _____   d) 800 ÷ 4 = _____   f) 545 ÷ 5 = _____

3 Calcule o resultado das divisões em cada caso.

a)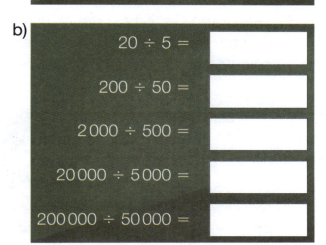
8 ÷ 4 = 2
80 ÷ 4 = 20
800 ÷ 4 = 200
8 000 ÷ 4 =

b)
20 ÷ 5 =
200 ÷ 50 =
2 000 ÷ 500 =
20 000 ÷ 5 000 =
200 000 ÷ 50 000 =

c)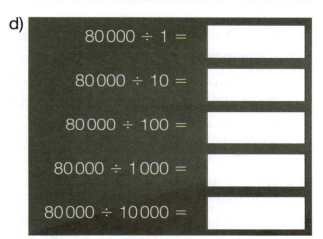
21 ÷ 7 = 3
210 ÷ 7 =
2 100 ÷ 7 =
21 000 ÷ 7 =

d)
80 000 ÷ 1 =
80 000 ÷ 10 =
80 000 ÷ 100 =
80 000 ÷ 1 000 =
80 000 ÷ 10 000 =

• Você observou alguma regularidade nesses resultados?

_____

_____

_____

4 Responda às questões.

Cláudio comprou 20 quilogramas de carne por 160 reais.

• Agora, responda.

a) Qual é o preço do quilograma dessa carne? _____

b) Quanto Cláudio pagaria por 10 quilogramas dessa carne? _____

c) Qual é o preço de 5 quilogramas dessa carne? _____

cento e trinta e nove

O que você aprendeu

Jogo — *Jogando com a divisão*

1 A balança está em equilíbrio. Qual é a massa da caixa amarela?

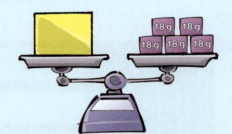

a) ☐ 80 gramas.   c) ☐ 90 gramas.
b) ☐ 88 gramas.   d) ☐ 108 gramas.

2 Em um campeonato de basquete, participam 4 equipes de Alagoas e 5 equipes do Acre. Se cada jogo deve ser disputado entre uma equipe de cada estado, quantos jogos diferentes podem ocorrer?

a) ☐ 16
b) ☐ 9
c) ☐ 18
d) ☐ 20

3 Eliana pagou 20 reais por 4 bolos de mesmo preço. Quanto ela pagaria por 12 bolos iguais a esses?

a) ☐ 30 reais.
b) ☐ 50 reais.
c) ☐ 25 reais.
d) ☐ 60 reais.

4 Em cada uma das 3 geladeiras do restaurante de Elisa, foram guardadas 4 caixas com potes de sorvete. Em cada caixa, há 6 potes. Quantos potes estão guardados no total?

a) ☐ $2 \times 3 \times 4 = 24$
b) ☐ $3 \times 3 \times 6 = 54$
c) ☐ $3 \times 4 \times 6 = 72$
d) ☐ $2 \times 5 \times 6 = 60$

5 Leia como Cecília fez um cálculo mental. A qual multiplicação esse cálculo corresponde?

> Fiz 7 vezes 20 e depois 7 vezes 9. Em seguida, adicionei os dois resultados.

a) ☐ 79×20
b) ☐ 7×29
c) ☐ 16×20
d) ☐ 7×63

6 Lorenzo comprou 860 salgados para uma festa. Eles foram igualmente distribuídos em 5 travessas, das quais apenas 3 foram consumidas. Quantos salgados sobraram?

a) ☐ 344
c) ☐ 306
b) ☐ 328
d) ☐ 400

7 Ivonete pensou em um número. Ela multiplicou esse número por 7 e obteve como resultado 784. Qual foi o número em que Ivonete pensou?

a) ☐ 102
b) ☐ 121
c) ☐ 112
d) ☐ 134

8 Para conferir se o resultado da divisão 156 ÷ 13 = 12 está correto, basta fazer:

a) ☐ 156 ÷ 12 e verificar se o resultado é igual a 12.
b) ☐ 156 × 13 e verificar se o resultado é igual a 12.
c) ☐ 12 × 13 e verificar se o resultado é igual a 156.
d) ☐ 12 × 12 e verificar se o resultado é igual a 156.

9 Laura comprou um celular, como o mostrado abaixo, pagando prestações iguais a 95 reais por mês. Em quantas prestações Laura comprou o celular?

R$ 1045,00

a) ☐ 10
b) ☐ 12
c) ☐ 9
d) ☐ 11

10 Todos os meses do ano passado, Pedro depositou 325 reais em sua conta poupança. Qual foi o total depositado por Pedro nesse período?

a) ☐ 3 900 reais.
b) ☐ 3 250 reais.
c) ☐ 4 900 reais.
d) ☐ 1 540 reais.

Quebra-cuca

Os cachorros de Joaquim consomem, juntos, 40 quilogramas de ração por mês. Se ele comprar 25 sacos de 20 quilogramas cada um, será suficiente para alimentar os cães por 1 ano inteiro? Explique sua resposta.

_____
_____
_____
_____
_____

UNIDADE 5
Grandezas e medidas

Para começar...

- Estime quantas estantes iguais à da cena é possível colocar entre a estante branca e o quadro de moldura amarela.
  _____

- E quantos quadros brancos cabem na altura da parede?
  _____

Para refletir...

Se cada quadro branco tem 1 m de altura por 80 cm de largura, então quais são a altura e a largura, aproximadamente, da parede vermelha?

_____

_____

TEMA 1. Medidas de comprimento

Metro, centímetro e milímetro

Pedro é mestre de obras e, em seu trabalho, faz muitas medições. Observe e complete.

Esta madeira tem 120 cm de comprimento, mas preciso de uma que tenha exatamente 1 metro. Então, vou cortar _____ centímetros dela.

20 cm

1 m = 100 cm

Esta argamassa tem 8 milímetros de espessura. Preciso aumentar __2__ milímetros para ficar com 1 centímetro de espessura.

1 cm = 10 mm

O metro, o centímetro e o milímetro são unidades usadas para medir comprimentos.

Um metro corresponde a _____ centímetros.

Um centímetro corresponde a _____ milímetros.

Indicamos:
- 1 metro por 1 m
- 1 centímetro por 1 cm
- 1 milímetro por 1 mm

- 100 cm = 1 m
- 1 cm = 10 mm

Atividades

1. Escreva o nome de um objeto cujo comprimento meça, aproximadamente, cada um dos valores a seguir. Para isso, faça estimativas para escolher os objetos.

a) 2 metros. _____

b) 15 centímetros. _____

c) 1 metro e 20 centímetros. _____

d) 4 metros. _____

2. Observe as figuras e escreva a medida do comprimento de cada uma.

a)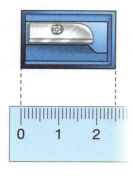

_____

b)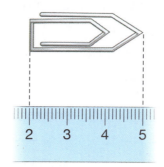

_____

c)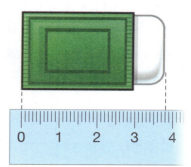

_____

3. Usando uma régua, meça o comprimento de cada figura.

a)

_____

b)

_____

4. Leia as falas e descubra a altura de Carla.

A altura de Carla é _____.

5. Responda às questões.

a) Em que situação a diferença de 1 centímetro em uma medida de comprimento pode ser importante?

b) Em que situação a diferença de 1 metro em uma medida de comprimento pode **não** ser importante?

Quilômetro e metro

Faltam 50 metros para Vladimir completar a corrida de 1 quilômetro. Observe e complete as lacunas.

Ao final da corrida, Vladimir terá percorrido _____ metros ou ____1____ quilômetro.

Um quilômetro corresponde a _____ metros.

Indicamos: 1 quilômetro por 1 km

1 000 m = 1 km

Atividades

1) Faça estimativas de distância em cada caso.

a) A distância de sua casa à escola em que você estuda é maior ou menor que 1 quilômetro? _____

b) Escreva o nome de 2 lugares aos quais você costuma ir que ficam a uma distância de mais de 1 quilômetro de sua casa.

_____

2) Francisco caminha todos os dias em volta de um parque retangular, conforme representado abaixo. Se em uma manhã ele deu 1 volta completa em torno do parque, a distância percorrida foi maior ou menor que 1 quilômetro? Justifique sua resposta.

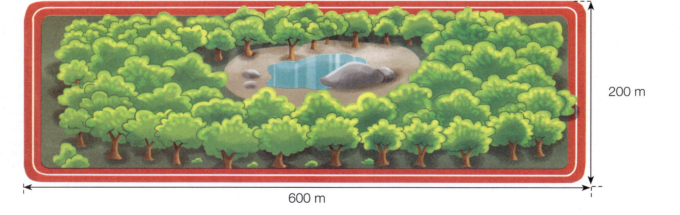

3 Leia as falas e descubra quem percorreu a maior distância.

Quem percorreu a maior distância foi _____.

4 Bianca e Alexandre percorriam trilhas diferentes e se encontraram em uma área de descanso. Leia o diálogo entre eles e, depois, responda às questões.

a) Qual deles percorreu a maior distância? _____

b) Quantos metros um deles andou a mais que o outro?

5 Faça uma estimativa e marque com um **X** a resposta correta.

A cada salto dado por um canguru, ele percorre pouco mais de 2 metros em uma linha reta. Se continuar saltando em frente sem sair dessa linha reta, quantos saltos serão necessários para que ele fique a uma distância de 1 quilômetro do ponto de partida?

☐ Mais de 500 saltos. ☐ Menos de 500 saltos.

Perímetro de uma figura

Ivan deu uma volta ao redor do terreno da casa do tio dele. Quantos metros Ivan percorreu no total?

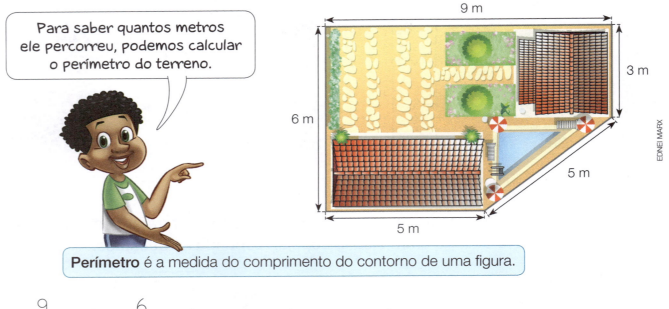

Para saber quantos metros ele percorreu, podemos calcular o perímetro do terreno.

Perímetro é a medida do comprimento do contorno de uma figura.

___9___ + ___6___ + _____ + _____ + _____ = _____

No total, Ivan percorreu _____ metros.

Atividades

1 Calcule o perímetro de cada figura.

a)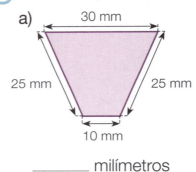
30 mm, 25 mm, 25 mm, 10 mm

_____ milímetros

b)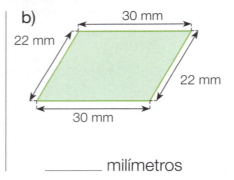
30 mm, 22 mm, 30 mm, 22 mm

_____ milímetros

c)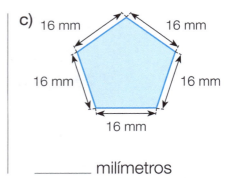
16 mm (×5)

_____ milímetros

• Agora, desenhe um triângulo com o auxílio de uma régua. Depois, meça, em milímetro, cada um de seus lados e calcule o perímetro desse triângulo.

_____

2 Cada figura é formada por quadrinhos com lados que medem 1 cm de comprimento. Qual é o perímetro de cada uma das figuras?

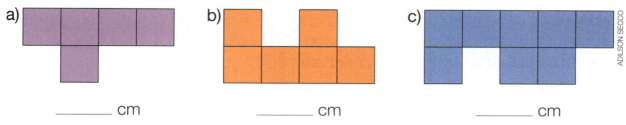

a) _____ cm

b) _____ cm

c) _____ cm

3 Veja como Márcio está medindo o perímetro do círculo azul usando barbante e régua.

Primeiro, ele contornou o círculo com um barbante.

Agora, está medindo o barbante que ele usou.

- Use o mesmo procedimento de Márcio para determinar o perímetro aproximado do círculo verde abaixo.

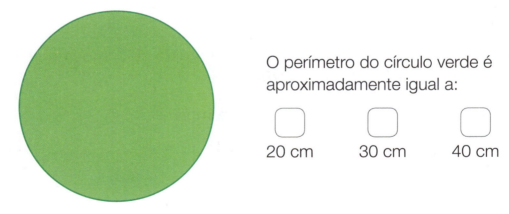

O perímetro do círculo verde é aproximadamente igual a:

☐ 20 cm   ☐ 30 cm   ☐ 40 cm

4 O perímetro de um quadrado é 2 metros e 36 centímetros. Quantos centímetros mede cada lado desse quadrado?

Cada lado desse quadrado mede _____ centímetros.

Pratique mais

1 Gustavo comprou um podômetro, aparelho que conta a quantidade de passos dados em uma caminhada. Após uma caminhada, o aparelho registrou 4 000 passos. Supondo que cada passo corresponde a 50 cm, responda.

a) Quantos metros Gustavo caminhou? _____

b) A quantos quilômetros essa distância corresponde? _____

2 Ligue as medidas correspondentes.

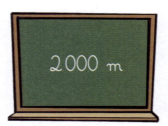
2 000 m

20 mm

200 cm

200 mm

20 cm

2 m

2 cm

2 km

3 Complete, em cada caso, com a unidade de medida de comprimento adequada: *milímetro*, *metro*, *centímetro* ou *quilômetro*.

a) O alfinete tem 32 _____ de comprimento.

b) A cidade em que mora minha prima fica a 40 _____ de distância da minha cidade.

c) O pé de Fátima tem 23 _____ de comprimento.

d) A árvore tem 3 _____ de altura.

4 Considere que 7 palitos foram enfileirados, conforme a figura abaixo. Sabendo que cada palito mede 5 cm de comprimento, quantos milímetros de comprimento a fileira de palitos tem ao todo? _____

5 Nestas figuras, as medidas dos lados são iguais. Calcule o perímetro de cada figura.

a)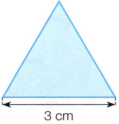

Perímetro: _____ cm

b)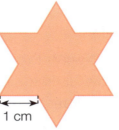

Perímetro: _____ cm

6 Calcule o perímetro da figura abaixo.

> **Dica**
> Antes de calcular o perímetro, verifique se todas as medidas estão na mesma unidade.

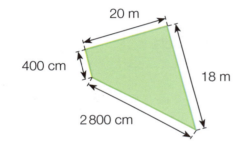

Perímetro: _____ m ou _____ cm

7 Os campos de futebol dos estádios das equipes Sabiá e Canário são retangulares. Qual é a medida do contorno desses campos?

Campos de futebol	Comprimento (em metro)	Largura (em metro)
Sabiá	108	72
Canário	110	74

A medida do contorno do campo do Sabiá é _____ metros, e a do Canário é _____ metros.

cento e cinquenta e um **151**

TEMA 2. Medida de superfície

Ideia de área

Mateus está colocando ladrilhos no piso de sua cozinha. Quantos ladrilhos cabem no piso da cozinha de Mateus?

Observe a ilustração e complete as lacunas.

Cabem _____ ladrilhos no piso da cozinha de Mateus.

Dizemos que a área do piso corresponde a _____ ladrilhos. Cada ladrilho foi considerado uma unidade de medida de superfície.

Unidade de medida: Área do piso: 30

> **Área** é a medida de uma superfície. E pode ser obtida verificando quantas unidades de área cabem dentro dela.

Animação
Perímetro e área

Atividades

1 Qual é a área de cada figura? Observe a unidade escolhida em cada caso.

a) 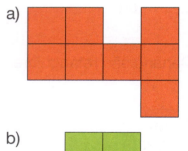   Unidade de medida: Área: _____

b) 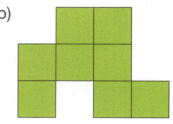   Unidade de medida: Área: _____

c) 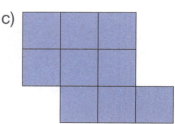   Unidade de medida:    Área: _____

2 Observe o esquema da fachada da casa ao lado e responda às questões.

a) A área da parede verde da fachada da casa corresponde a quantos ▢ ? _____

b) E a área da porta? _____

c) E a área da janela? _____

d) A área da porta e da janela juntas é maior ou menor que a área do restante da parede?

_____

3 Regina quer fazer 40 convites de aniversário retangulares, como mostra o desenho ao lado.

a) Quantos convites ela pode fazer com cada folha?

_____

b) De quantas folhas ela precisará para fazer os 40 convites?

_____

4 Marque com um **X** a resposta certa.

Osvaldo está fazendo diversas reformas em seu sítio. Em qual destas situações ele não precisará saber a área que corresponde à parte que será reformada?

☐ Colocar cerca em torno da plantação de laranjas.

☐ Colocar lajotas no piso da lavanderia.

☐ Pintar as paredes da casa.

5 Na malha quadriculada abaixo, desenhe e pinte 3 figuras diferentes cuja área corresponda a 8 ▢.

Área de figuras planas

Yara desenhou diversas figuras. Qual é a área de cada uma das figuras desenhadas?

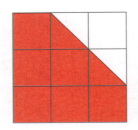 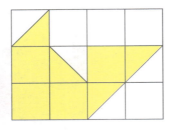 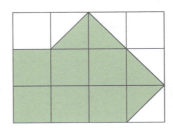 

Yara observou que 1 com 1 formam 1 . Então, concluiu que:

Na figura vermelha, cabem _____  e _____ . A área da figura vermelha é igual a _____ .	Na figura amarela, cabem _____ e _____ . A área da figura amarela é igual a _____ .	Na figura verde, cabem _____ e _____ . A área da figura verde é igual a _____ .

Atividades

 Determine a área de cada figura a seguir.

a)   b)   c)   d)

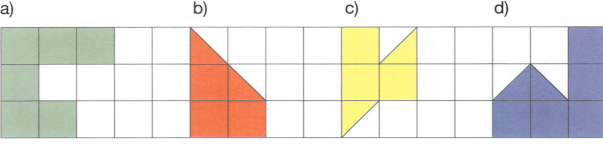

_____   _____   _____   _____

2 Observe as figuras.

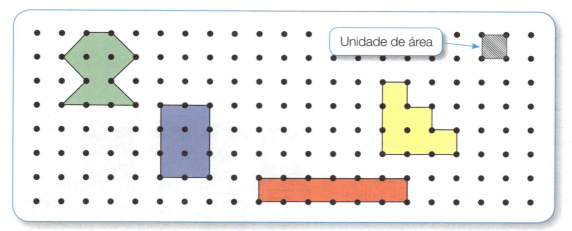

a) Qual é a área da figura verde? _____

b) Qual é a área da figura amarela? _____

c) Qual é a área da figura azul? _____

d) Qual é a área da figura laranja? _____

e) Analisando as quatro figuras, o que você pode notar?

3 Na figura ao lado, a área de cada quadrado é a metade da área do retângulo que está à esquerda dele. Se usarmos o quadrado amarelo como unidade de medida de superfície, qual será a área da figura toda?

_____

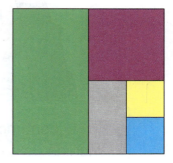

4 Catarina está fazendo um mosaico retangular com ladrilhos coloridos, todos de mesmo tamanho. Ela já colocou alguns ladrilhos, como mostra o esquema abaixo.

a) Quantos ladrilhos ela usará para cobrir todo o mosaico? _____

b) Se em cada caixa há 12 ladrilhos, de quantas caixas Catarina precisará? Sobrarão ladrilhos? Se sobrarem, quantos?

_____

c) Uma caixa de ladrilhos custa 63 reais. Qual foi o troco de Catarina ao comprar as caixas necessárias, se ela usou duas cédulas de 100 reais para pagar? _____

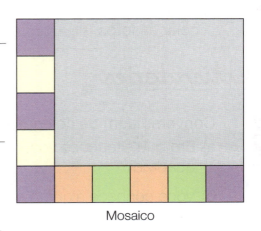

Mosaico

Centímetro quadrado

Flávia coleciona fotos 3 × 4 de amigos dela. Ao todo, ela tem 10 fotos, que serão coladas lado a lado em um painel, como mostra a ilustração a seguir. Qual é a área (ou medida da superfície) que Flávia vai ocupar no painel para colar as fotos? Para saber, veja como ela fez.

Dividi a superfície de uma das fotos em quadradinhos com lados medindo 1 cm. Descobri que, em uma foto, cabem 12 quadradinhos; assim, a área de cada foto é 12 centímetros quadrados. Depois, multipliquei o número que indica a área de cada foto pela quantidade de fotos que tenho para saber a área (ou medida da superfície) que vou ocupar no painel para colar as fotos.

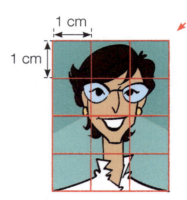

O **centímetro quadrado** é uma unidade de medida de superfície correspondente à área de um quadrado cujos lados medem 1 centímetro.
Indicamos: 1 centímetro quadrado por **1 cm²**

Esse quadrado tem 1 cm² de área.

- Agora, calcule a área (ou medida da superfície) que Flávia vai ocupar no painel para colar as fotos. _____

Atividades

1) Converse com os colegas e responda às questões.

a) Em que situações você acha que é preciso calcular uma área em centímetro quadrado?

b) Você conhece alguma outra unidade de medida de superfície? Se conhece, qual?

156 cento e cinquenta e seis

2 Pinte a próxima figura da sequência. Depois, determine a área de cada uma delas e responda às perguntas.

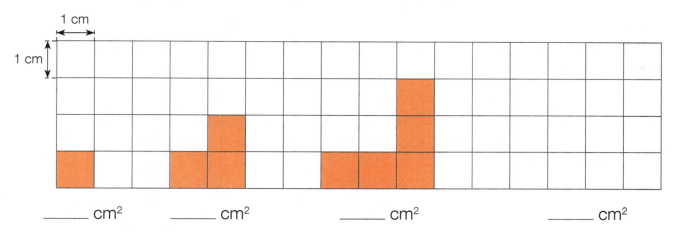

_____ cm²   _____ cm²   _____ cm²   _____ cm²

 • Quantos centímetros quadrados terá a próxima figura dessa sequência?

E a 7ª figura? _____

3 Juntando 2 retângulos azuis, sem ficar um sobre o outro, podemos compor figuras diferentes, como as mostradas ao lado.

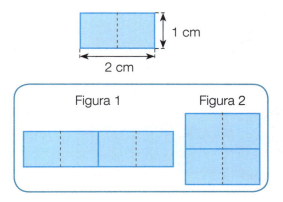

a) Qual é a área de cada uma dessas figuras?

_____

b) Qual é o perímetro de cada figura?

_____

4 Marque com um **X** a resposta correta.

Marcos quer saber quantos centímetros quadrados tem a folha que ele encontrou.

Ele a colocou sobre uma malha quadriculada e a desenhou.

Quantos centímetros quadrados, aproximadamente, tem a folha?

a) ☐ 3 cm²

b) ☐ 4 cm²

c) ☐ 6 cm²

d) ☐ 9 cm²

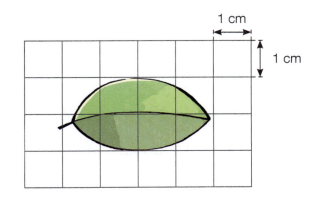

cento e cinquenta e sete **157**

A Matemática me ajuda a ser...

... uma pessoa que dorme bem

O sono é um processo muito importante para os seres vivos. Ele é responsável pela recuperação e manutenção do equilíbrio geral do nosso organismo, pela fixação da memória, pela regulação da temperatura corporal, entre outros benefícios.

Cada pessoa é única, assim como as necessidades de sono. Pesquisas relatam que crianças e adolescentes precisam de mais horas de sono que os adultos. A tabela abaixo mostra quantas são as horas diárias de sono recomendadas de acordo com a idade.

Horas diárias de sono

Idade	Horas de sono recomendadas
0 a 2 meses	10 a 18
2 a 12 meses	14 a 15
12 a 18 meses	13 a 15
18 meses a 3 anos	12 a 14
3 a 5 anos	11 a 13
5 a 12 anos	9 a 11
Adolescentes	8 a 9
Adultos	7 a 9

Dados obtidos em: <http://mod.lk/horasono>. Acesso em: 17 jul. 2018.

Tome nota

1 Por que o sono é importante para os seres vivos?

___

___

___

2 João tem 4 anos. Quantas horas de sono por dia são recomendáveis para ele?

___

Dicas para ter uma boa noite de sono:

- Tenha horários regulares para dormir e despertar.
- Organize um ambiente adequado para dormir: limpo, escuro, sem ruídos e confortável.
- Não coma muito, nem tome café ou refrigerante próximo ao horário de dormir.
- Leia um livro ou ouça uma música relaxante antes de deitar.

3) Se Pedro dorme 8 horas todos os dias, quantas horas ele dormirá em uma semana? E em 1 mês?

Reflita

1) Quantas horas você costuma dormir por dia? Elas estão de acordo com as horas recomendadas para sua idade?

2) Por que você acha que crianças e adolescentes necessitam de mais horas de sono que os adultos?

3) Você já teve dificuldade para dormir? O que você faz quando não consegue dormir?

Compreender informações

Construir e interpretar gráficos pictóricos

1 No clube de esportes Unidos há 56 crianças que praticam natação, 36 que treinam futebol e 24 que fazem judô. Cada criança pratica apenas um esporte.

a) Complete o gráfico pictórico abaixo.

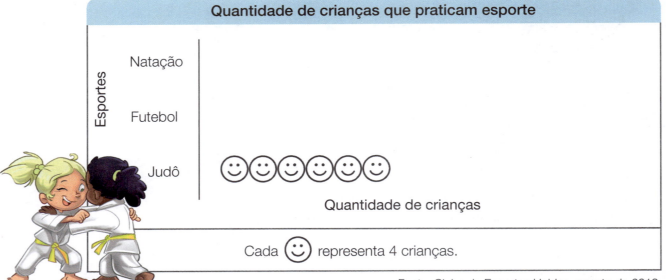

Quantidade de crianças que praticam esporte

Esportes: Natação / Futebol / Judô

Judô: 😊😊😊😊😊😊

Quantidade de crianças

Cada 😊 representa 4 crianças.

Fonte: Clube de Esportes Unidos, agosto de 2018.

b) Quantas 😊 você utilizou para indicar a quantidade de crianças que praticam futebol? Como você pensou para determinar essa quantidade?

_____

_____

c) Identifique e marque com um **X** as afirmações corretas sobre os dados representados nesse gráfico.

☐ Mais de uma centena de crianças praticam um dos três esportes.

☐ O total de crianças que praticam natação é menor que o dobro de crianças que praticam judô.

☐ Podem ser formados 6 times de futebol de 6 crianças.

d) Escreva uma afirmação que pode ser feita sobre esses dados.

_____

2 O gráfico abaixo apresenta a quantidade de livros retirados da biblioteca municipal por empréstimo.

Fonte: Biblioteca municipal (jan. 2018).

- Considerando as informações apresentadas, faça o que se pede.

   a) Em qual ano foram emprestados mais livros?

   _____

   b) Quantos livros foram emprestados no ano de 2015 a mais que no ano de 2016?

   _____

   c) Quantos livros foram emprestados ao todo nos três anos?

   _____

   d) Escreva duas afirmações que podem ser feitas em relação aos dados apresentados no gráfico.

   _____

   _____

   e) Se cada 📖 representasse 500 livros emprestados, quantos ícones como esse deveriam ser utilizados para indicar a quantidade de empréstimos em cada ano?

   _____

   _____

   f) No ano de 2018, foram emprestados 3 500 livros. Como você representaria essa informação no gráfico pictórico?

TEMA 3. Medidas de temperatura

Grau Celsius

No dia 17 de janeiro de 2018, segundo o Instituto Nacional de Meteorologia, a temperatura da cidade do Rio de Janeiro variou de 22 °C a 39 °C.

Observe a imagem abaixo.

- Qual é a temperatura registrada no termômetro de rua? _____

Indicamos: 1 grau Celsius por 1 °C

Atividades

1) Responda às questões.
   a) Na sua cidade faz mais frio ou mais calor? _____
   b) Hoje está frio ou calor? _____
   c) Qual é a temperatura de hoje? _____
   d) Ontem a temperatura em sua cidade estava mais alta ou mais baixa que a de hoje?

2 Vanessa tirou uma sobremesa do fogo, que estava com temperatura de 64 °C. Ela a colocou no *freezer* para resfriar. Sabe-se que a cada 5 minutos essa sobremesa perde a metade da temperatura. Ajude Vanessa a terminar de completar a tabela e, depois, responda à questão.

- Depois de quantos minutos a temperatura chegará a 2 °C?

Temperatura da sobremesa

Minutos transcorridos	Temperatura (°C)
0	64
5	32
10	
15	

Dados obtidos por Vanessa, dez. 2017.

3 Faça uma pesquisa e descubra a temperatura mais alta e a mais baixa registradas em sua cidade até hoje. Depois, registre as temperaturas que você encontrou. Escreva as fontes da pesquisa.

Nome da cidade: _____

Menor temperatura registrada foi _____ no dia _____.

Maior temperatura registrada foi _____ no dia _____.

Fonte da pesquisa: _____.

Data da pesquisa: _____.

4 Leia a notícia abaixo.

A cidade de Bom Jardim da Serra, na parte mais elevada da serra de Santa Catarina, registrou 5,7 °C abaixo de zero na madrugada de 26 de junho. Esta foi a menor temperatura medida no Brasil em 2017, pelas medições do Instituto Nacional de Meteorologia e do Epagri (Empresa de Pesquisa Agropecuária e Extensão Rural de Santa Catarina)/Ciram (Centro de Informações de Recursos Ambientais e de Hidrometeorologia de Santa Catarina), que registrou o recorde.

Fonte: Climatempo. Disponível em: <http://mod.lk/menortem>. Acesso em: 17 jul. 2018.

- Como você registraria a temperatura indicada na notícia?

cento e sessenta e três **163**

Temperatura máxima e temperatura mínima

Observe as temperaturas máxima e mínima registradas em duas cidades alagoanas em 19 de janeiro de 2018.

Temperaturas máxima e mínima

Cidade	Temperatura máxima	Temperatura mínima
Água Branca	30 °C	26 °C
Teotônio Vilela	30 °C	24 °C

Fonte: INMET. Disponível em: <http://mod.lk/aguabran>; <http://mod.lk/teotonio>. Acessos em: 17 jul. 2018.

- Qual foi a diferença entre as temperaturas máxima e mínima registradas em Água Branca? E em Teotônio Vilela?

_____

Atividades

1. Leia o que o repórter do tempo está falando e, depois, complete o painel com a informação sobre as temperaturas máxima e mínima.

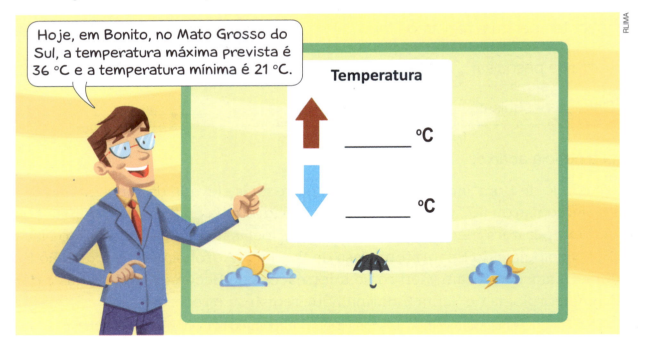

"Hoje, em Bonito, no Mato Grosso do Sul, a temperatura máxima prevista é 36 °C e a temperatura mínima é 21 °C."

- O que indicam as setas no painel?

_____
_____

2 Pesquise a previsão do tempo de sua cidade para a próxima semana. Depois, complete o quadro com a data e as temperaturas máxima e mínima.

Dia da semana	Data	Temperatura máxima prevista	Temperatura mínima prevista
Domingo			
Segunda-feira			
Terça-feira			
Quarta-feira			
Quinta-feira			
Sexta-feira			
Sábado			

3 Laís fez uma pesquisa sobre as temperaturas máxima e mínima registradas no mês de janeiro de 2017 de três cidades – Brasília (DF), Chuí (RS) e Oiapoque (AP). Ela escreveu o nome das cidades e as temperaturas em cartões, porém recortou os cartões e não sabe mais quais temperaturas correspondem a que cidade. Leia as dicas e ligue cada cidade às temperaturas corretas.

Dicas
- Chuí foi a cidade que registrou a maior diferença entre a temperatura máxima e a mínima em janeiro de 2017.
- Oiapoque foi a cidade que registrou a maior temperatura mínima entre as cidades pesquisadas por Laís.

cento e sessenta e cinco 165

Compreender problemas

Para resolver

Problema 1

Valdeci é caminhoneiro. Ele trabalha 7 dias e depois tem 4 dias de descanso. No dia 27 de junho, ele iniciou seu descanso de 4 dias e voltou a trabalhar no dia 1º de julho.

Qual é o salário mensal de Valdeci?

_____

Problema 2

Observe o gráfico abaixo, que mostra as temperaturas mínima e máxima de alguns dias do mês de janeiro na cidade onde Ana mora.

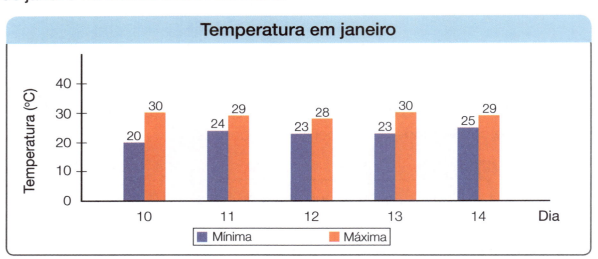

Fonte: Dados registrados por Ana (jan. 2018).

Em qual dia Ana foi nadar? _____

Problema 3

Mariana cortou 10 pedaços de barbante de diferentes tamanhos com o auxílio de régua e tesoura.
O primeiro pedaço tinha 10 centímetros de comprimento; o segundo tinha 5 centímetros a mais que o primeiro; o terceiro tinha 5 centímetros a mais que o segundo, e assim por diante.

Quantos reais Mariana pagou por esses pedaços de barbante? _____

Para refletir

1. Você conseguiu responder às questões dos problemas? Por quê?

   _____
   _____

2. A professora pediu aos alunos que inventassem uma questão adequada para o *Problema 1*. Veja o que os alunos escreveram.

   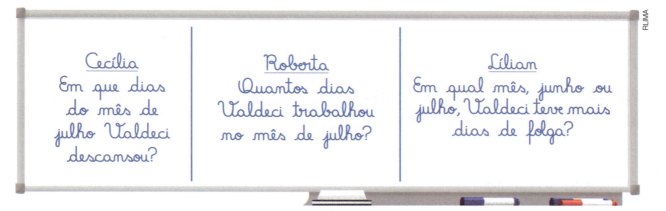

   - Qual é a resposta esperada para cada uma dessas questões?

   _____
   _____
   _____

3. Responda às questões que Yuri inventou para o *Problema 2*.

   a) Qual foi a maior temperatura registrada? E a menor?

   _____

   b) Qual dia apresentou maior variação de temperatura?

   _____

4. Invente uma questão adequada para o *Problema 3*. Depois, peça a um colega que a responda.

   Seja criativo na hora de inventar a questão. Você não precisa usar todos os dados do problema.

   _____
   _____

cento e sessenta e sete **167**

Pratique mais

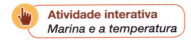

1 Ligue os termômetros que marcam a mesma temperatura.

2 Pinte nos termômetros as temperaturas máxima e mínima que aparecem na previsão do tempo.

 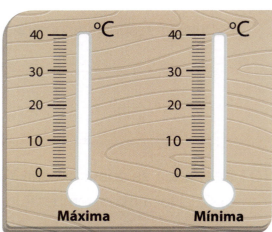

3 Júlio apresenta um programa de previsão do tempo. Ele informou que hoje a temperatura máxima registrada seria de 28 °C e que a previsão é que diminua 3 °C a cada dia durante os próximos 8 dias.

Qual será a temperatura no 8º dia se a previsão estiver correta?

Se a previsão estiver correta, a temperatura será _____ °C.

Cálculo mental

1 Siga as dicas para completar o quebra-cabeça de multiplicações. Você descobrirá como é fácil construir a lista de multiplicações do tipo *vezes 14*.

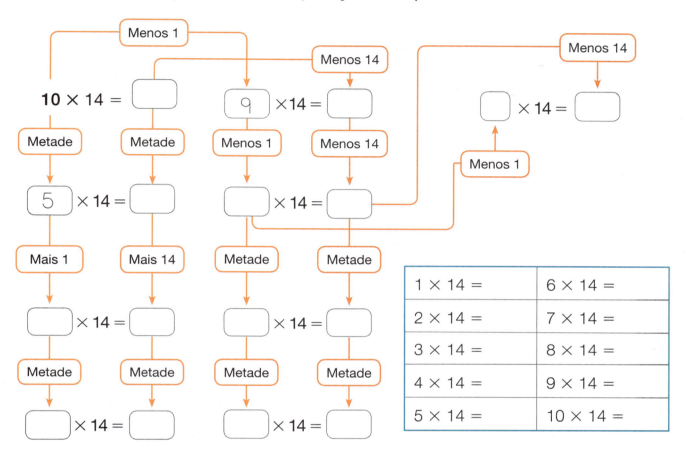

2 Calcule usando as estratégias que você aprendeu e outras que você pode criar.

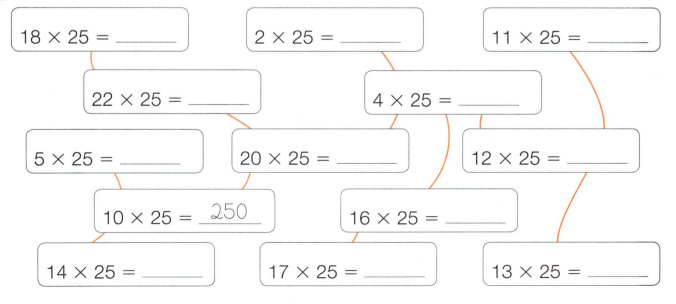

O que você aprendeu

1. Para saber a altura da parede da cozinha da casa dela, Wanda usou como unidade de medida uma colher de pau de 30 centímetros de comprimento. A colher coube 9 vezes na parede até atingir o teto. Qual é a altura da parede da cozinha?

   a) ☐ 270 centímetros
   b) ☐ 2 metros
   c) ☐ 2 metros e meio
   d) ☐ 200 centímetros

2. Qual é o perímetro do terreno representado abaixo?

   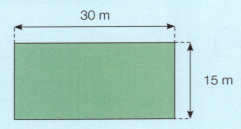

   a) ☐ 60 m   c) ☐ 60 m
   b) ☐ 90 m   d) ☐ 75 m

3. Qual é o perímetro de um quadrado cujo lado mede 45 cm?

   a) ☐ 1 m e 50 cm
   b) ☐ 1 m e 60 cm
   c) ☐ 1 m e 80 cm
   d) ☐ 2 m

4. Em linha reta, qual é a distância aproximada entre as cidades de Natal e São Paulo, se 10 mm do mapa correspondem a 650 km na realidade?

   Elaborado com base em: Graça Maria Lemos Ferreira. *Atlas geográfico*: espaço mundial. São Paulo: Moderna, 2013.

   a) ☐ 5 000 metros
   b) ☐ 5 000 quilômetros
   c) ☐ 2 300 metros
   d) ☐ 2 300 quilômetros

5. Em certa cidade, foi registrado 2 °C como a menor temperatura do ano e 31 °C como a maior temperatura do ano. Qual foi a diferença entre essas duas temperaturas?

   a) ☐ 28 °C   c) ☐ 30 °C
   b) ☐ 29 °C   d) ☐ 33 °C

6 Paulo já pedalou por 680 m. Quanto falta ele pedalar para completar 1 km?

a) ☐ 330 m   c) ☐ 32 000 cm
b) ☐ 3 500 cm   d) ☐ 3 000 m

7 Qual é a área desta figura?

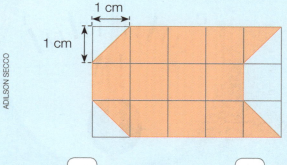

a) ☐ 8 cm²   c) ☐ 11 cm²
b) ☐ 10 cm²   d) ☐ 12 cm²

8 Laura está treinando para uma corrida de rua. Todos os dias, ela dá 5 voltas no quarteirão de sua casa. Qual é a distância percorrida por Laura em um dia?

O quarteirão é retangular, conforme representado a seguir.

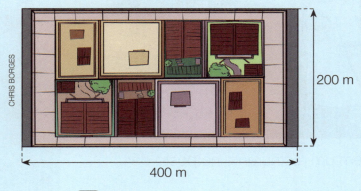

a) ☐ 4 km
b) ☐ 6 km
c) ☐ 5 km
d) ☐ 3 km

9 Se o triângulo vermelho tem a mesma área que o triângulo laranja, qual é a área do quadrado maior da figura considerando o triângulo vermelho como unidade de medida?

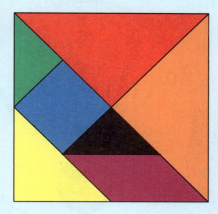

a) ☐ 3 triângulos   c) ☐ 5 triângulos
b) ☐ 4 triângulos   d) ☐ 6 triângulos

Quebra-cuca

Álvaro tinha uma chapa de madeira de forma quadrada cujos lados mediam 2 cm de comprimento. Ele cortou a parte quadrada do centro e ficou apenas com a parte pintada de marrom mostrada na figura. Quantos centímetros quadrados mede essa parte marrom que sobrou da placa original?

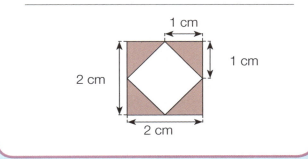

cento e setenta e um 171

UNIDADE 6
Frações e números na forma decimal

Para começar...

A família Silva foi viajar e parou para almoçar em um restaurante no posto de combustível da estrada.

- O caminhão amarelo que está no posto de combustível tinha o tanque cheio de diesel no início da viagem. Se nesse tanque cabem 200 litros e até agora o caminhão gastou metade dessa capacidade, quantos litros de diesel restam no tanque? _____

Para refletir...

- Você compreende o significado de $\frac{1}{2}$ e de $\frac{1}{4}$ nos marcadores de combustível destacados nesta cena? Explique.
- Considere o preço do picolé vendido nesse restaurante e responda: quantas moedas de 50 centavos são necessárias para comprar 1 picolé? _____

RESTAURANTE

PICOLÉ
R$ 3,50
CADA UM

cento e setenta e três

 Frações

Que números são estes?

Veja a figura que Nara pintou e complete.

a) Nara dividiu a figura em __6__ partes iguais e pintou ____ partes de verde. Podemos dizer que 2 das 6 partes estão pintadas de verde ou, ainda, que __dois sextos__ ou $\boxed{\frac{2}{6}}$ da figura foram pintados de verde.

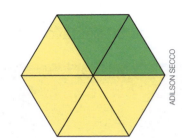

$\frac{2}{6}$ é uma **fração**.
Lemos: dois sextos.

Quantidade de partes pintadas de verde da figura → **Numerador** da fração

$\frac{2}{6}$

Quantidade de partes iguais em que a figura foi dividida → **Denominador** da fração

b) Que fração representa as partes pintadas de amarelo da figura de Nara? Como a lemos?

Fração ▶ ☐   Lemos ▶ _____

Atividades

1 Observe as ilustrações e responda às questões.

a) Flávia comeu $\frac{1}{3}$ ou a **terça parte** desta *pizza*, que foi dividida em pedaços de mesmo tamanho.

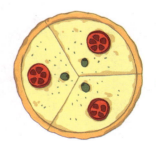

• Quantos pedaços ela comeu?

b) Giovana gastou $\frac{1}{4}$ ou a **quarta parte** da quantia abaixo fazendo compras na feira.

• Quantos reais ela gastou?

174 cento e setenta e quatro

2 Pinte $\frac{1}{2}$ de cada figura e, depois, responda.

 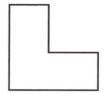 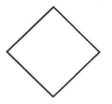

a) Para pintar $\frac{1}{2}$ de cada figura, em quantas partes você dividiu cada uma?
E quantas pintou em cada uma delas? _____

 b) Compare suas pinturas com as de um colega. Elas são iguais?

3 Veja como lemos algumas frações e faça o que se pede.

$\frac{1}{2}$	$\frac{2}{3}$	$\frac{3}{3}$	$\frac{4}{5}$	$\frac{3}{7}$	$\frac{9}{8}$	$\frac{5}{9}$	$\frac{1}{10}$	$\frac{7}{12}$
Um meio	Dois terços	Três quartos	Quatro quintos	Três sétimos	Nove oitavos	Cinco nonos	Um décimo	Sete doze avos

• Escreva como lemos as frações que representam a parte pintada de cada figura.

a)    b) 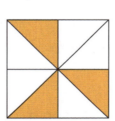   c)

_____   _____   _____

4 Escreva, para cada figura, a fração que representa a parte pintada. Depois, indique o numerador e o denominador e escreva como lemos cada fração.

a)    b) 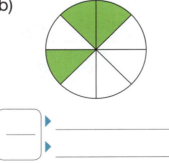   c)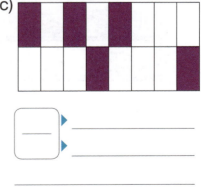

5 Por causa de uma obra, a polícia rodoviária interditou 3 das 4 faixas de um trecho de uma estrada. Que fração representa as partes interditadas nesse trecho? Você sabe como lemos essa fração? Escreva.

_____

6 Observe as maçãs na caixa e responda às questões.

a) Quantas maçãs há na caixa?

_____

b) Luciana usou $\frac{1}{3}$ (um terço) dessas maçãs para fazer uma torta. Quantas maçãs ela usou?

_____

c) Quantas maçãs sobraram? _____

d) Agora, converse com um colega sobre como cada um pensou para responder a essas questões.

7 Veja a coleção de carrinhos de Nelson e, depois, responda à questão.

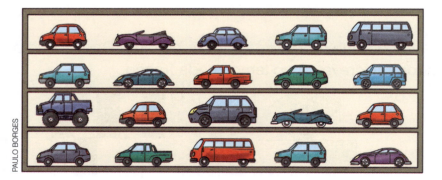

• Nelson dará $\frac{1}{4}$ desses carrinhos para sua amiga Tânia. Quantos carrinhos ele dará para Tânia?

_____

8 Marque com um **X** o recipiente que está com $\frac{5}{6}$ de sua capacidade preenchidos com água.

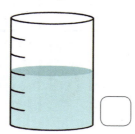 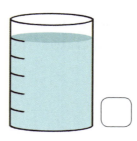 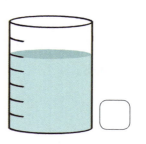

9 Calcule mentalmente e conte a um colega como você pensou para obter as respostas.

a) Marta comprou 18 goiabas e usou $\frac{2}{3}$ dessas goiabas para fazer geleia. Quantas goiabas sobraram?

_____

b) Marta distribuiu igualmente a geleia de goiaba em 6 potes de mesmo tamanho e deu para a irmã dela $\frac{1}{3}$ desses potes. Quantos potes de geleia a irmã de Marta ganhou?

_____

10 Ana, José e Diogo compraram 3 tortas de palmito, uma para cada um. As tortas eram iguais, mas cada um deles dividiu a torta de maneira diferente para comer. Descubra quem comeu a maior parte da torta. Justifique sua resposta.

Ana — José — Diogo

_____
_____
_____

11 Resolva as atividades propostas nos adesivos 1 e 2 da Ficha 27.

cento e setenta e sete **177**

Parte e todo

Observe o estacionamento com 7 carros. O carro vermelho corresponde a que fração do total de carros? E os carros azuis? E os carros verdes?

a) Há _____ carro vermelho entre os 7 carros do estacionamento. Esse carro vermelho corresponde a _um sétimo_ ou $\boxed{\dfrac{1}{7}}$ do total de carros desse estacionamento.

b) Há _____ carros azuis entre os 7 carros do estacionamento. Esses carros azuis correspondem a _____ ou $\boxed{\dfrac{2}{7}}$ do total de carros desse estacionamento.

c) Há _____ carros verdes entre os _____ carros do estacionamento. Esses carros verdes correspondem a _____ ou $\boxed{}$ do total de carros desse estacionamento.

Atividades

1) Observe os cães e marque **V** para as frases verdadeiras e **F** para as falsas.

a) ☐ 3 dos 8 cães são de cor caramelo.

b) ☐ Um nono dos cães está de coleira.

c) ☐ 5 dos 9 cães têm manchas pretas.

d) ☐ $\dfrac{9}{5}$ dos cães têm manchas pretas.

178 cento e setenta e oito

2 Observe a quantidade de peixes do aquário e, depois, responda às questões.

a) A fração $\frac{5}{8}$ representa os peixes de qual cor? _____

b) Que fração representa os peixes amarelos? ☐

c) Que fração representa o peixe azul? ☐

d) Que fração representa os peixes que não são laranja? ☐

3 Veja a família de Heloísa e, depois, responda às questões.

a) Quantas pessoas formam essa família?
_____

b) Podemos dizer que 3 das 5 pessoas dessa família são crianças?
_____

c) Escreva a fração que representa os adultos da família. ☐

4 Resolva as atividades propostas nos adesivos 3 e 4 da Ficha 27.

cento e setenta e nove **179**

Frações e medidas

Tadeu precisava medir a largura de um quadro, mas não tinha régua nem fita métrica. Então, ao usar um barbante para medir, ele percebeu que a medida da largura do quadro era igual à medida do comprimento de 2 barbantes mais um pedaço que ele não sabia bem de que tamanho era. Qual é a medida da largura desse quadro, considerando o barbante como unidade de medida?

Dobrei o barbante 2 vezes na metade e consegui encaixá-lo no pedaço que faltava medir.

Então, a medida da largura desse quadro é igual a _____ barbantes e $\frac{1}{4}$ do barbante.

Atividades

1 Observe os esquemas a seguir e descubra o comprimento da tira de papel azul e o comprimento da tira de papel amarelo usando o canudinho como unidade de medida.

a)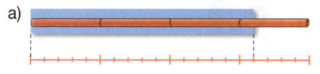

b)

_____ _____

2 Você demora mais ou menos de $\frac{1}{4}$ de hora para tomar banho?

_____
_____
_____

180 cento e oitenta

3 Flávio montou um prédio de brinquedo com 6 peças de madeira de mesmo tamanho.

A que fração da altura do prédio corresponde a altura de cada peça?

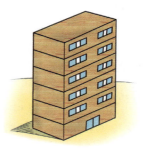

_____

4 Kauê precisou de 1 litro de tinta laranja para pintar a metade do muro representado abaixo. Agora, responda às questões.

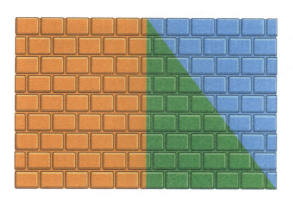

a) De que fração do litro de tinta Kauê precisou para pintar a parte azul do muro? E para pintar a parte verde?

_____

b) De quantos litros de tinta Kauê precisou para pintar o muro todo?

_____

5 Leia o que diz Tarcísio e responda às questões.

Um bloco de 100 folhas de papel tem 1 centímetro de espessura.

a) Para saber a espessura de apenas 1 folha desse papel, teríamos de dividir 1 centímetro em quantas partes? _____

b) Que fração do centímetro representa a espessura de uma das folhas desse bloco?

_____

6 Complete.

a) $\dfrac{1}{3}$ de uma hora equivale a _____ minutos.

b) $\dfrac{2}{5}$ de um quilômetro equivalem a _____ metros.

c) $\dfrac{1}{2}$ de um quilograma equivale a _____ gramas.

Compreender problemas

Para resolver

Problema 1

Veja os folhetos de promoções de um supermercado.

- Invente duas questões que possam ser respondidas com os dados apresentados nesses folhetos. Depois, responda-as.

> Antes de **criar** as questões, analise todas as informações com **calma** e leve em consideração os caminhos possíveis para resolver essa tarefa.

Problema 2

Raquel tirou algumas fotos em seus 40 dias de férias. Veja algumas delas.

- Invente duas questões que possam ser respondidas com as informações das fotos de Raquel. Depois, responda-as.

Para refletir

1 Marque com um **X** as questões adequadas ao *Problema 1*. Depois, responda àquelas que você assinalou.

☐ Quantos reais o supermercado faturou com a venda de leite em pó e fita adesiva?

☐ Quantas embalagens de leite em pó foram vendidas durante a promoção?

☐ Quantos metros mede o rolo de fita adesiva no Nosso Mercado?

☐ Qual é o preço da lata de leite em pó no Nosso Mercado?

_____

_____

2 Um aluno leu o *Problema 1* e fez as seguintes perguntas. Responda a cada uma delas.

a) Quanto custam [imagem de 3 embalagens de leite em pó] no Nosso Mercado? _____

b) No Nosso Mercado, em [imagem de 2 rolos de fita adesiva] há quantos metros de fita adesiva?

_____

c) De acordo com o anúncio, quanto custam [imagem de 2 rolos de fita adesiva] na concorrência?

_____

3 Usando as informações das fotos do *Problema 2*, responda às questões.

a) Onde Raquel passou mais tempo: na casa da vovó Estela ou na chácara com seu primo Juarez? _____

b) Em que cidade Raquel mora? _____

c) Quantos dias Raquel ficou em Guarapari? _____

d) Quantos dias Raquel ficou no sítio onde ela mora? _____

4 Reúna-se com dois colegas e façam o que se pede.

Leia as questões que seus colegas inventaram para os dois problemas.
Verifique se a redação está adequada e, caso não esteja, sugira alterações.
Ouça seus colegas e faça os ajustes também em suas questões.

cento e oitenta e três

Matemática em textos

Leia

A água no mundo

Já ouviu falar que a Terra é o Planeta Água? Isso porque há muita água por aqui. Mesmo assim, se não soubermos administrar esse recurso, corremos o risco de não ter água no futuro.

Doce ou salgada

A maior parte da água do planeta é salgada e está localizada nos mares e oceanos. A menor parte corresponde à água doce.

Se toda a água do nosso planeta coubesse em um galão de 20 litros, a água doce caberia numa garrafa de 500 mℓ.

Pouca água

A água doce do planeta é encontrada nas geleiras, em **aquíferos** e em lagos e rios.

Aquíferos são reservatórios naturais que armazenam água subterrânea.

$\frac{70}{100}$ geleiras

$\frac{1}{100}$ lagos e rios

$\frac{29}{100}$ aquíferos

Consumo de água

Veja alguns alimentos que consomem água para serem produzidos.

1 maçã

125 litros

100 g de pão

160 litros

250 mℓ de leite

250 litros

100 g de carne bovina

1 540 litros

Fontes: MENEGUELLI, Gisella. Água virtual: um conceito que reforça importância do consumo consciente. Disponível em: <http://mod.lk/aguavirt>; Relatório Mundial das Nações Unidas sobre Desenvolvimento dos Recursos Hídricos 2016. Disponível em: <http://mod.lk/mazw3>; Acessos em: 26 jul. 2018.

Água no mundo
Saiba como é distribuída a água.

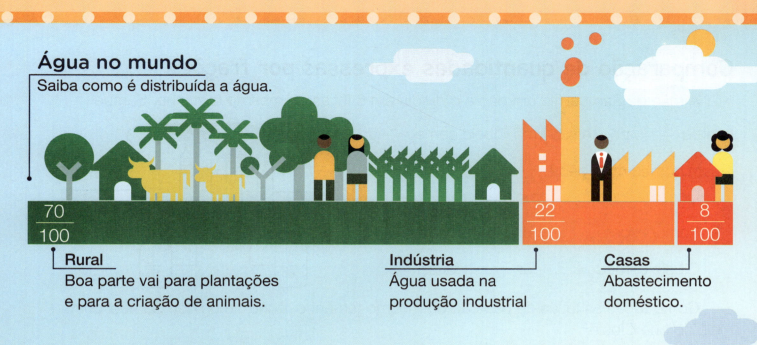

Rural — $\frac{70}{100}$ — Boa parte vai para plantações e para a criação de animais.

Indústria — $\frac{22}{100}$ — Água usada na produção industrial

Casas — $\frac{8}{100}$ — Abastecimento doméstico.

O caminho da água

1. A água é retirada do rio para abastecer a população.
2. Nas estações de tratamento, as impurezas são eliminadas.
3. Depois de limpa, a água é armazenada em reservatórios.
4. Por fim, ela chega à sua casa.

Responda

1. Que fração representa a parte da Terra que não está coberta por água?

2. Qual é a fração que representa a água que não é distribuída para as indústrias?

Analise

Pesquise o caminho da água em sua região: desde o local em que é feita a coleta da água, onde e como é tratada e armazenada.

Aplique

Você considera importante não desperdiçar água? Converse sobre isso com os colegas e o professor.

Comparação de quantidades expressas por frações

A mãe de Samuel fez um pão e o dividiu em 6 fatias do mesmo tamanho. Samuel comeu $\frac{3}{6}$ do pão, e sua irmã Cibele comeu $\frac{2}{6}$ do pão.

Quem comeu mais pão?

Observe ao lado e complete.

Samuel comeu _____ das __6__ fatias.

Cibele comeu _____ das _____ fatias.

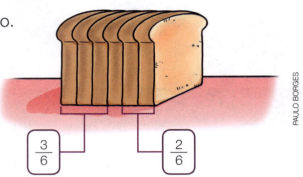

Como todas as fatias de pão são do mesmo tamanho, concluímos que Samuel comeu mais do que Cibele.

$\frac{3}{6}$ do pão é uma porção maior que $\frac{2}{6}$ do mesmo pão.

$$\frac{3}{6} > \frac{2}{6} \quad \text{ou} \quad \frac{2}{6} < \frac{3}{6}$$

Atividades

1. Pedro ganhou 80 reais. Então, gastou $\frac{1}{4}$ desse valor com brinquedos e $\frac{1}{4}$ com material escolar. O que sobrou, ele guardou em um cofrinho. Agora, responda às questões.

   a) Qual foi a quantia gasta com brinquedos?
   _____

   b) E a quantia gasta com material escolar?
   _____

   c) Que fração do dinheiro foi guardada no cofrinho?
   _____

   d) Nesse caso, a quantia que ele guardou foi maior, menor ou igual à que ele gastou, no total, com brinquedos e material escolar? _____

2 Complete usando > (*maior que*) ou < (*menor que*) para comparar, em cada caso, duas frações de uma mesma unidade (essa unidade pode ser, por exemplo, um desenho, um doce ou uma quantia em dinheiro).

a) $\dfrac{2}{3}$ ____ $\dfrac{1}{3}$ c) $\dfrac{3}{7}$ ____ $\dfrac{6}{7}$ e) $\dfrac{1}{5}$ ____ $\dfrac{4}{5}$

b) $\dfrac{4}{6}$ ____ $\dfrac{5}{6}$ d) $\dfrac{6}{10}$ ____ $\dfrac{5}{10}$ f) $\dfrac{8}{10}$ ____ $\dfrac{6}{10}$

3 Karina e Fernando ganharam uma cartolina cada um. Essas cartolinas são iguais, e cada um deverá pintar a sua. Karina pintará um quinto da sua cartolina, e Fernando, um terço da cartolina dele.

a) Quem pintará uma parte maior da cartolina?

_____

b) Explique a um colega como você pensou para responder a essa questão.

4 Pinte as barras de acordo com a fração indicada em cada caso. Em seguida, faça o que se pede.

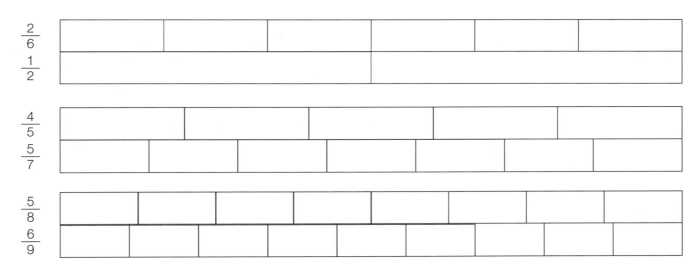

a) Compare as frações e complete com < ou >.

$\dfrac{2}{6}$ ◯ $\dfrac{1}{2}$ $\dfrac{4}{5}$ ◯ $\dfrac{5}{7}$ $\dfrac{5}{8}$ ◯ $\dfrac{6}{9}$

b) Ordene as frações da menor para a maior.

Adição e subtração com frações

Benjamim e Olívia estão pintando uma parede com duas cores distintas. Benjamim está pintando com a cor azul e Olívia com a cor verde. Para facilitar a tarefa, eles dividiram a parede em partes iguais.

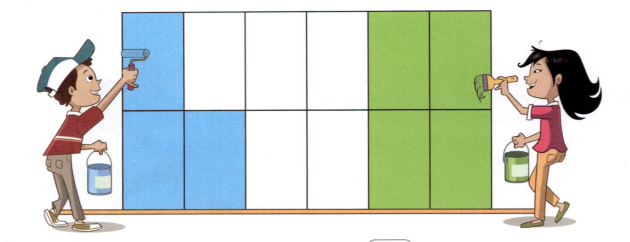

a) Que fração da parede Benjamim já pintou? $\boxed{\dfrac{3}{12}}$

b) Que fração da parede Olívia já pintou? ☐

c) Ao todo, que fração da parede já está pintada?

Podemos adicionar a fração da parede que Benjamim pintou com a fração da parede que Olívia pintou.

$\dfrac{3}{12} + \dfrac{4}{12} = \dfrac{\boxed{}}{12}$ A fração da parede que já está pintada é ☐.

d) Que fração da parede ainda não foi pintada?

Podemos subtrair a fração da parede que já está pintada da fração que representa toda a parede.

$\dfrac{12}{12} - \dfrac{7}{12} = \dfrac{\boxed{}}{12}$ A fração da parede que ainda não foi pintada é ☐.

Atividades

1 Se, em um país, $\dfrac{1}{4}$ da população tem até 20 anos de idade, que fração da população desse país tem mais de 20 anos? _____

2) Sérgio usou $\frac{1}{3}$ de uma lata de tinta para pintar o rodapé da sala e $\frac{1}{3}$ para pintar o rodapé do quarto. Que fração da lata de tinta Sérgio usou para pintar os rodapés? ☐

3) Sônia foi às compras e gastou $\frac{2}{7}$ do seu dinheiro com alimentos, $\frac{1}{7}$ com revistas e $\frac{3}{7}$ com figurinhas.

a) Escreva uma adição com frações cujo resultado seja a fração do dinheiro que Sônia gastou no total.

☐ + ☐ + ☐ = ☐

b) Agora, escreva uma adição com frações cujo resultado seja a fração do dinheiro que Sônia gastou com alimentos e revistas.

☐ + ☐ = ☐

c) A quantia que Sônia gastou com alimentos e revistas é menos da metade, mais da metade ou metade do dinheiro que ela tinha inicialmente?

_____

4) Douglas e Vanessa participaram de um grupo de alunos que fez um trabalho escolar com um total de 10 páginas. Douglas fez 3 páginas do trabalho, enquanto Vanessa fez 4 páginas. Que fração do total de páginas desse trabalho eles fizeram juntos?

☐

cento e oitenta e nove

5 Observe as xícaras e responda à questão.

Eloy usará $\frac{4}{6}$ dessas xícaras para servir café.

Que fração do total de xícaras ele não usará? ☐

6 Calcule.

a) $\frac{3}{7} - \frac{2}{7} =$ ☐

b) $\frac{7}{10} - \frac{2}{10} =$ ☐

c) $\frac{8}{15} - \frac{3}{15} =$ ☐

d) $\frac{5}{5} - \frac{3}{5} =$ ☐

e) $\frac{3}{7} + \frac{2}{7} =$ ☐

f) $\frac{7}{10} + \frac{2}{10} =$ ☐

g) $\frac{8}{15} + \frac{3}{15} =$ ☐

h) $\frac{2}{5} + \frac{3}{5} =$ ☐

i) $\frac{5}{7} - \frac{2}{7} =$ ☐

7 Observe a figura abaixo, que representa o terreno de uma fábrica de brinquedos, e responda.

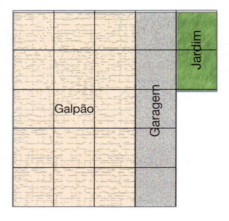

a) Que fração do terreno foi ocupada pelo galpão? ☐

b) Que fração do terreno foi ocupada pelo galpão e pela garagem juntos? ☐

c) Que fração do terreno o galpão ocupa a mais que a garagem? ☐

d) Que fração do terreno o jardim ocupa a menos que a garagem? ☐

8. Uma garrafa de suco estava com $\frac{8}{10}$ de sua capacidade. Márcia então bebeu um copo desse suco com $\frac{1}{10}$ da capacidade total da garrafa. Que fração da capacidade da garrafa ficou com suco? ☐

- Essa quantidade de suco que sobrou é mais ou é menos que a metade da capacidade total da garrafa? Explique seu raciocínio.

9. Foi realizada uma pesquisa para verificar que tipo de alimento é consumido quando os alunos do 4º ano da escola de Yuri não trazem lanche de casa. Observe o gráfico que mostra os alimentos mais vendidos na cantina aos alunos do 4º ano dessa escola durante um mês. Em seguida, responda às questões.

Fonte: Cantina da escola (jun. 2018)

a) Que fração do total de alimentos vendidos corresponde à salada de frutas? ☐

b) Que fração do total de alimentos vendidos corresponde aos salgados e aos pães de queijo? ☐

c) Você acredita que os alunos dessa escola comem alimentos saudáveis? Por quê?
_____
_____
_____

10. Nicole comprou $\frac{3}{4}$ kg de ameixas. Ela deu $\frac{1}{4}$ kg das ameixas para Fábio. Que fração de quilograma de ameixas ficou com Nicole? _____

Números na forma decimal

Décimos

Luís está pintando um painel que foi dividido em 10 partes iguais. O painel todo representa um inteiro. Cada parte corresponde a **um décimo** do painel.

$\frac{1}{10}$ ▶ representação de 1 décimo em fração

0,1 ▶ representação de 1 décimo na forma decimal

$\frac{1}{10}$ ou 0,1 do painel corresponde a 1 das 10 faixas de mesmo tamanho do painel.

- A quantidade de faixas pintadas corresponde a quantos décimos do painel em cada caso?

a)

b)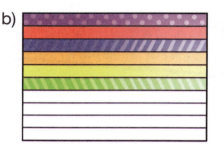

_____ _____

Atividades

1 Observe a ilustração e, depois, responda às questões.

Animação
Números na forma decimal

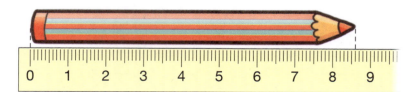

a) O comprimento do desenho do lápis é maior que 8 centímetros? _____

b) O comprimento do desenho do lápis é maior que 9 centímetros? _____

c) Como você representaria a medida do comprimento do desenho do lápis?

192 cento e noventa e dois

2 Represente a parte pintada de cada figura com uma fração e na forma decimal.

a)
_____

b)
_____

c)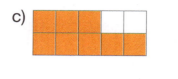
_____

3 Complete o quadro.

Figura	Representação com uma fração	Representação na forma decimal	Como lemos
(círculo verde)	$\frac{3}{10}$		três décimos
(círculo laranja)			
(círculo azul)			

4 Mário é técnico da equipe de futebol Bons de bola. Ele fez o gráfico ao lado com a quantidade de gols marcados por seus jogadores em várias partidas.

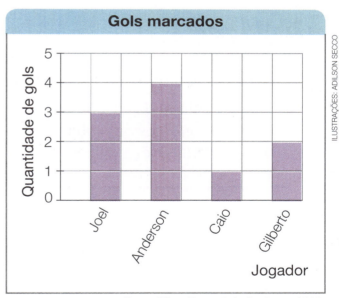

Fonte: Time Bons de bola, 9 set. 2018.

a) Quantos gols foram marcados no total? _____

b) Que jogador fez quatro décimos dos gols da equipe? _____

c) A quantidade de gols marcados por Joel corresponde a quantos décimos do total de gols marcados pelo time Bons de bola?
_____

5 Patrícia fez 0,7 de sua tarefa escolar. Ela fez mais ou menos que a metade da tarefa? Justifique sua resposta.
_____
_____

cento e noventa e três **193**

Centésimos

Observe o tabuleiro de um jogo que é formado por 100 casas iguais.
Cada casa corresponde a um centésimo do tabuleiro.

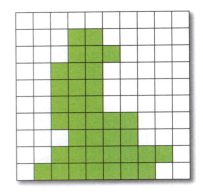

$\dfrac{1}{100}$ ▶ representação de 1 centésimo com uma fração

0,01 ▶ representação de 1 centésimo na forma decimal

$\dfrac{1}{100}$ ou 0,01 do tabuleiro corresponde a 1 das 100 casas iguais desse tabuleiro.

a) As casas verdes correspondem a 37 centésimos do tabuleiro, que podem ser representados na forma de fração: $\dfrac{37}{100}$ ou na forma decimal: _____

b) As casas brancas correspondem a quantos centésimos do tabuleiro?

_____

Atividades

1 Observe as figuras 1 e 2, de mesmo tamanho, e responda às questões.

a) A parte pintada de azul da Figura 1 corresponde a quantos décimos da Figura 1 inteira?

_____

b) A parte pintada de azul da Figura 2 corresponde a quantos centésimos da Figura 2 inteira?

_____

Figura 1

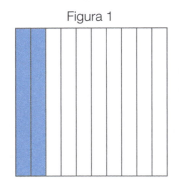

Figura 2

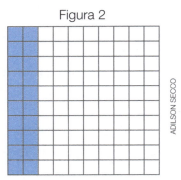

 Não esconda suas dúvidas, **faça perguntas**!

c) A parte pintada de azul é maior na Figura 1 ou na Figura 2?

2 Leia o que Yuri está dizendo sobre as casas amarelas na ilustração.

- Agora, escreva uma frase como a de Yuri para as casas verdes, outra para as azuis e outra para as vermelhas.

As casas amarelas correspondem a cinco centésimos do total de casas.

_____
_____
_____

3 Represente as partes amarelas da figura abaixo com uma fração e na forma decimal. Faça o mesmo para as partes verdes, azuis, roxas e laranja.

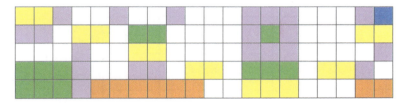

- Agora, responda: as partes brancas representam mais ou menos que a metade da figura? Justifique sua resposta.

4 Aperte as teclas indicadas da calculadora e registre o resultado obtido em cada caso.

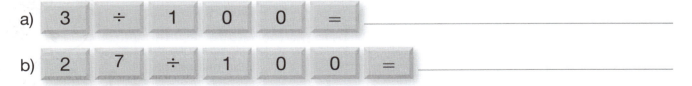

a) 3 ÷ 1 0 0 = _____

b) 2 7 ÷ 1 0 0 = _____

- Usando a tecla de divisão ÷ , que teclas você apertaria para que no visor da calculadora aparecesse o resultado 0,45?

cento e noventa e cinco **195**

O sistema de numeração e a forma decimal

A cidade do Rio de Janeiro foi a sede da Olimpíada de 2016.

Com 15,766 pontos, o atleta brasileiro Arthur Zanetti conquistou a medalha de prata nas argolas.

Nessa prova, a medalha de ouro ficou para o grego Eleftherios Petrounias, com 16,000 pontos, e a de bronze, para o russo Denis Abliazin, com 15,700 pontos.

Nas competições de ginástica artística, cada milésimo da nota de um ginasta é muito importante, pois ele pode perder posição se outro ginasta obtiver um milésimo a mais.

a) Complete o quadro a seguir com as notas de Zanetti e de Abliazin.

Arthur Zanetti, Eleftherios Petrounias e Denis Abliazin na premiação dos Jogos Olímpicos no Rio de Janeiro, em 2016.

	Parte inteira		Parte decimal		
	D	U	d	c	m
Petrounias	1	6,	0	0	0
Zanetti					
Abliazin					

b) Complete a decomposição da nota de Zanetti.

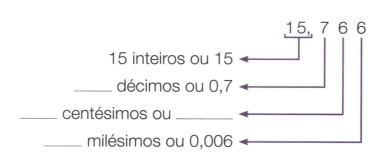

15, 7 6 6

15 inteiros ou 15
____ décimos ou 0,7
____ centésimos ou _____
____ milésimos ou 0,006

Lemos: Quinze inteiros e setecentos e sessenta e seis milésimos.

Decomposição ▶ 15,766 = _____ + 0,7 + _____ + _____

Atividades

1 Depois de pesquisar o preço de 1 litro de leite de quatro marcas vendidas no bairro, Dalva fez o gráfico ao lado.

Fonte: Pesquisa de Dalva, 5 out. 2018.

a) Qual é a marca mais cara?

E a mais barata? _____

_____

_____

b) Qual é a parte inteira de cada número? _____

2 Cada quadro em branco representa um número na reta numérica. Complete os quadros com o respectivo número da reta numérica.

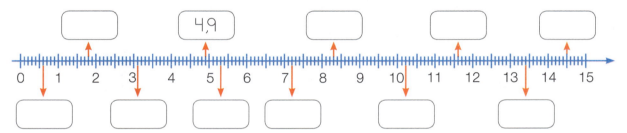

3 Escreva um número para cada caso.

a) Número menor que 2 que tenha apenas um algarismo na parte decimal. ☐

b) Número menor que 1 que tenha dois algarismos na parte decimal e que esses algarismos sejam iguais. ☐

c) Número cuja parte inteira seja menor que 9, com três algarismos na parte decimal e que tenha o zero na posição dos centésimos. ☐

• Agora, compare suas respostas com as de alguns colegas e observe as diferenças.

4 Qual é o valor posicional do algarismo 6 em cada número?

a) 0,006

b) 6,111

c) 0,169

d) 1,611

5 Resolva as atividades propostas nos adesivos 1 a 6 da Ficha 28.

Centavos de real

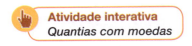
Atividade interativa
Quantias com moedas

Jéferson foi à padaria e comprou um pão doce. Ele pagou com 2 moedas de 50 centavos e não houve troco.

a) Quantos centavos Jéferson pagou pelo pão doce? _____

b) Quantos centavos formam 1 real? _____

> 1 **centavo** de real é o mesmo que 1 **centésimo** de real.
> Indicamos por: R$ 0,01

Atividades

1 Escreva como se representa cada quantia na forma decimal.

2 Responda à questão, adequando sua resposta a cada caso.

Quantas moedas de 1 centavo de real são necessárias para formar a quantia indicada?

a)

b)

c)

3 Leia o que Mariana está dizendo sobre o preço do chaveiro.

O número à esquerda da vírgula é a quantidade de unidades de real, e o número à direita da vírgula é a quantidade de centavos de real.

- Agora, escreva por extenso o preço de cada mercadoria.

a)

_____

c)

_____

b) R$ 21,80

_____

d)

_____

4 Graziela foi a uma loja e comprou uma fivela. Observe o quadro e responda.

Use as moedas das Fichas 18, 19 e 20 para **ajudá-lo a pensar em um meio** de responder às questões. E depois, monte o envelope da Ficha 21 para guardar as moedas.

a) Quanto Graziela pagou pela fivela?
_____

b) Qual teria sido o troco recebido por Graziela se ela tivesse pagado a fivela com uma cédula de R$ 5,00? _____

Medições

- É muito frequente o uso de números na forma decimal quando são feitas medições. Observe.

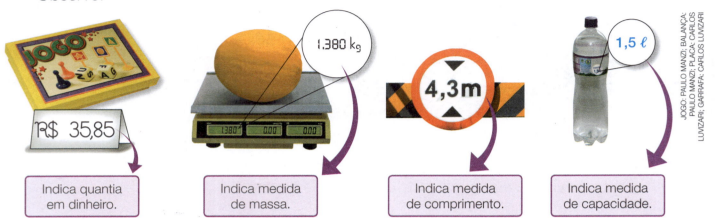

- Agora, veja como Larissa e Bianca descobriram quantos gramas de bananas havia na balança.

Eu sei que 1 quilograma é o mesmo que 1000 gramas. Então, cada grama é o mesmo que 1 milésimo de quilograma, ou seja: 1 g = 0,001 kg.

E 0,500 kg é o mesmo que 500 milésimos de quilograma, ou seja, 500 gramas.

a) Qual é a massa em grama de um mamão de 0,340 kg? _____

b) A quantos gramas de feijão corresponde 1,5 kg de feijão? _____

Atividades

1 Leia o boxe abaixo e, em seguida, complete a frase.

> A unidade de medida **metro (m)** pode ser dividida em 100 partes iguais. Cada uma dessas partes, que é 1 centésimo do metro, corresponde a 1 **centímetro (cm)**, ou seja: 1 cm = 0,01 m.

Joana tem 1,40 m de altura, ou seja, ela tem _____ m e _____ cm de altura.

2 Converse com seus colegas sobre as questões a seguir.

a) A medida da altura de cada um de vocês é sempre um número inteiro de metros?

b) A medida da massa de cada um de vocês é sempre um número inteiro de quilogramas?

3 Leia algumas especificações técnicas (características) de um rádio e descubra qual esquema corresponde a esse rádio. _____

Especificações técnicas	
Altura	127 milímetros
Largura	350 milímetros
Profundidade	117 milímetros

Esquema A

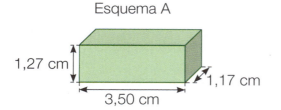

Esquema B

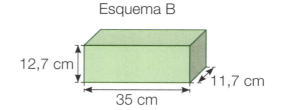

4 Leia o texto, observe as imagens a seguir e responda às questões.

A unidade de medida litro (ℓ) pode ser dividida em 1 000 partes iguais. Cada uma dessas partes, que é 1 milésimo do litro, corresponde a 1 mililitro (mℓ), ou seja: 1 mℓ = 0,001 ℓ.

a) Qual é a capacidade da garrafa de água em mililitro? _____

b) A lata cheia contém quantos litros de suco? _____

5 Complete as frases com números na forma decimal.

a) 15 centímetros é o mesmo que _____ metro.

b) 355 mililitros é o mesmo que _____ litro.

c) 400 gramas é o mesmo que _____ quilograma.

duzentos e um

Comparação e ordenação

Observe como Yuri fez para mostrar que 5,634 é maior que 5,632 e complete.

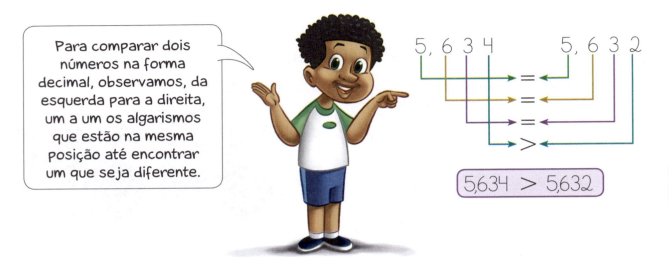

O número maior é aquele que tem o algarismo maior na mesma posição.

Logo, _____ é maior que _____.

Veja como podemos localizar o número 37,3 na reta numérica e complete.

Na reta numérica, há 10 partes iguais entre 37 e 38. Isso mostra que cada parte representa 1 décimo (0,1).

Agora, localize na reta acima o número 37,7.

Atividades

1) Complete com > (maior que) ou < (menor que).

a) 6,48 ____ 8,61

b) 8,954 ____ 6,955

c) 5,89 ____ 5,85

d) 4,628 ____ 4,276

e) 10,31 ____ 10,13

f) 34,07 ____ 34,70

g) 54,975 ____ 54,965

h) 27,57 ____ 37,57

i) 185,72 ____ 185,7

• Dos números acima, qual é o maior de todos? E o menor?

_____

2 Escreva o número que cada letra representa na reta numérica. Depois complete.

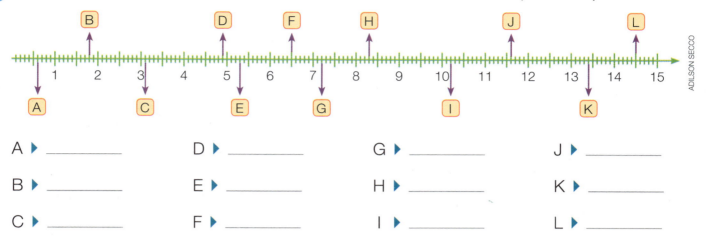

A ▸ _____   D ▸ _____   G ▸ _____   J ▸ _____

B ▸ _____   E ▸ _____   H ▸ _____   K ▸ _____

C ▸ _____   F ▸ _____   I ▸ _____   L ▸ _____

3 Observe o preço das frutas por quilograma e responda às questões.

laranja	limão	maçã	pera	goiaba	mamão	banana	melancia
R$ 2,30	R$ 1,00	R$ 3,20	R$ 3,50	R$ 4,00	R$ 2,35	R$ 1,40	R$ 0,99

a) Que fruta custa menos de R$ 1,00 por quilograma? _____

b) Contorne a fruta cujo preço tem o algarismo dos centésimos do real igual a 5.

c) Coloque em ordem crescente o preço das frutas.

_____

_____

4 Descubra qual letra corresponde à localização do número 1,56 na reta numérica em cada caso.

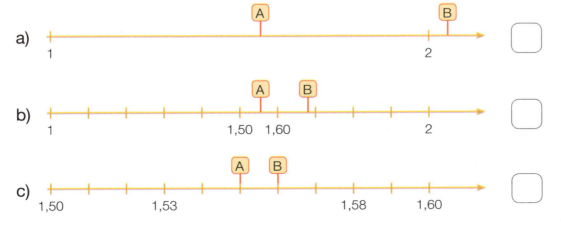

duzentos e três 203

Adição

Veja dois modos de calcular o resultado de R$ 12,80 mais R$ 21,40. Depois complete.

Cálculo com cédulas e moedas

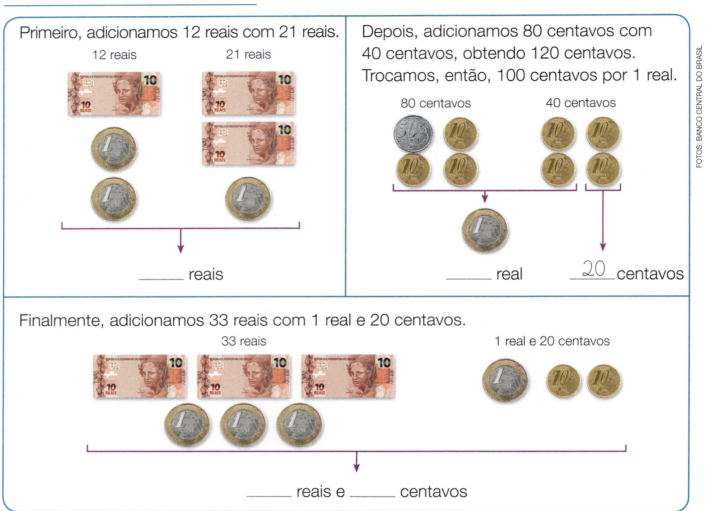

Cálculo com o algoritmo usual

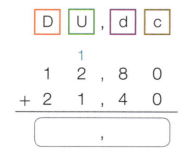

- Primeiro, adicionamos os centésimos: 0 + 0 = 0.
- Depois, adicionamos os décimos: 8 + 4 = 12.
- Trocamos 10 décimos por 1 unidade.
- Então, adicionamos as unidades: 1 + 2 + 1 = 4.
- Por último, adicionamos as dezenas: 1 + 2 = 3.

O resultado da adição de R$ 12,80 com R$ 21,40 é R$ _____.

Atividades

1) Calcule o resultado das adições.

a) 14,70 + 23,20

b) 34,801 + 19,623

c) 0,46 + 54,91 + 2,35

2) Veja como Fabíola calculou mentalmente o resultado de 25,60 + 45,40. Depois, calcule mentalmente o resultado em cada caso.

a) 3,50 + 4,50 = _____

b) 13,70 + 24,30 = _____

c) 15,50 + 10,20 = _____

Primeiro, eu adicionei 25 com 45, que é igual a 70. Depois, juntei 60 centésimos com 40 centésimos, que é igual a 100 centésimos ou 1 unidade. Assim: 70 + 1 = 71

3) Cláudio e Cristina fazem caminhada todos os dias. Porém, ele prefere caminhar pela manhã, e ela, à tarde. Veja nos esquemas as distâncias que cada um percorre por dia.

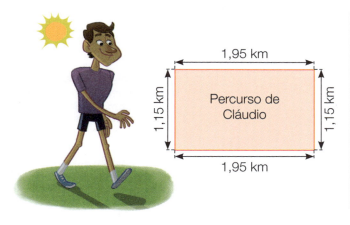
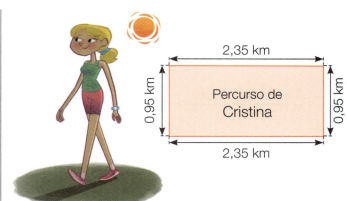

a) Quantos quilômetros cada um percorre por dia?

_____

b) Quem caminha mais? _____

Subtração

Veja duas formas de subtrair R$ 1,70 de R$ 3,10 e complete.

Cálculo com cédulas e moedas

Representamos R$ 3,10.

Precisamos retirar 70 centavos de 10 centavos. Para isso, trocamos uma moeda de 1 real por _____ moedas de 10 centavos. Depois, tiramos R$ 1,70 de R$ 3,10.

Cálculo com o algoritmo usual

```
 U , d   c
     2
     3 , 11   0
  −  1 ,  7   0
     ─────────
         ,
```

- Primeiro, subtraímos centésimos de centésimos: $0 - 0 = 0$.
- Como não é possível subtrair 7 décimos de 1 décimo, precisamos trocar 1 unidade por 10 décimos.
- Ficamos com 2 unidades e 11 décimos.
- Subtraímos décimos de décimos: $11 - 7 = 4$.
- Então, subtraímos unidades de unidades: $2 - 1 = 1$.

O resultado da subtração R$ 3,10 − R$ 1,70 é R$ _____.

Atividades

Atividade interativa
Comprando material escolar

1 Calcule o resultado de cada subtração.

a) 7,45 − 4,90

b) 12,50 − 6,35

c) 37,068 − 4,317

2 Faça uma estimativa para responder à questão.

Patrícia quer comprar os 2 produtos mostrados ao lado. Se ela pagar com uma cédula de R$ 100,00, ela receberá de troco mais de R$ 20,00 ou menos de R$ 20,00?

_____

3 Carlos fez uma pesquisa de preços em duas papelarias. Veja o que ele encontrou.

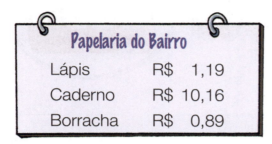
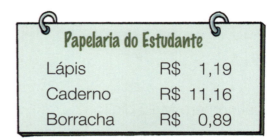

a) Em qual papelaria Carlos pagará mais barato ao comprar os três produtos?

_____

b) Quanto ele economizará na papelaria mais barata, se ele comprar os três produtos?

_____

4 Helena tem um barbante de 0,75 metro e vai usá-lo para contornar uma tela de formato retangular.

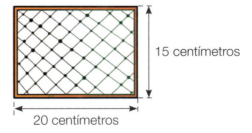

a) Quantos centímetros de barbante ela usará ao todo?

_____

b) Haverá sobras? Se houver, de quantos centímetros?

_____

duzentos e sete 207

Calculadora

Malu digitou na calculadora um número na forma decimal. Observe.

Para digitar um número na forma decimal nessa calculadora, no lugar da vírgula devemos digitar o ponto.

- Qual número Malu digitou? _____
- Como lemos o número que ela digitou?
_____

Atividades

1. Usando uma calculadora, digite as teclas e registre o resultado. Depois, escreva a operação em cada caso.

a) 1 4 . 9 7 + 2 . 0 3 = ☐
_____

b) 2 3 . 5 + 2 4 . 3 2 = ☐
_____

c) 5 0 . 1 5 − 4 . 6 1 = ☐
_____

d) 1 0 0 . 4 7 − 8 3 . 5 = ☐
_____

e) 2 3 8 . 5 5 + 1 0 1 . 0 3 = ☐
_____

2 Usando uma calculadora, mas sem apertar a tecla —, como é possível calcular o resultado de 7,20 − 3,50? Registre como você pensou.

_____

_____

_____

3 Que multiplicações você pode fazer para que, utilizando os números da primeira coluna, apareçam no visor da calculadora os resultados que estão na última coluna?

No visor	Cálculo realizado	Resultado obtido
0,5		5
8,1		81
13,22		132,2

4 Em uma calculadora, aperte as teclas indicadas em cada caso e registre o resultado obtido no visor.

a) 3 ÷ 1 0 0 0 = _____

b) 5 8 ÷ 1 0 0 0 = _____

- Agora, desenhe as teclas que você deve apertar para que, usando a tecla ÷ no visor da calculadora, apareça o resultado 0,361.

_____

5 Observe a tabela de preços de uma lanchonete.

Ana comprou uma vitamina e um lanche natural. Pedro comprou um suco, um lanche natural e uma salada de frutas.
Que quantia cada um gastou?

Vitamina................R$ 7,30
Suco......................R$ 5,50
Lanche natural.......R$ 6,25
Salgado.................R$ 4,10
Salada de frutas....R$ 4,60

duzentos e nove **209**

Compreender informações

Construir e interpretar gráfico de barras horizontais

1 Após uma visita ao zoológico, o professor Fábio, do Colégio Imparare, fez uma pesquisa para saber o animal preferido dos alunos das quatro salas do 4º ano. Todos os alunos dessas salas foram ao zoológico e participaram da pesquisa. Cada aluno escolheu apenas um animal.

Animal preferido dos alunos do 4º ano

Animal	Quantidade de alunos
Cobra	15
Elefante	20
Macaco	40
Girafa	35
Tigre	50
Camelo	10

Fonte: Anotações do professor Fábio (jan. 2018).

a) Complete o gráfico de barras abaixo de acordo com os dados da tabela.

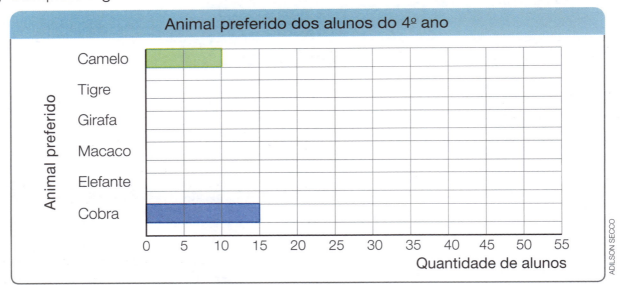

Fonte: Anotações do professor Fábio (jan. 2018).

b) O animal mais escolhido pelos alunos do 4º ano foi _____.

c) Nas quatro salas do 4º ano, há _____ alunos.

d) Em sua opinião, é mais fácil responder a cada uma dessas questões observando a tabela ou o gráfico?

2 A agência de viagens Voo Bom quer escolher uma cidade do país para montar um pacote promocional. Para isso, ela fez uma pesquisa com 1 400 pessoas. Veja alguns resultados da pesquisa.

a) Observe o gráfico abaixo, que representa os dados da pesquisa, e complete-o com o nome das cidades e a quantidade de pessoas que preferiram cada uma delas.

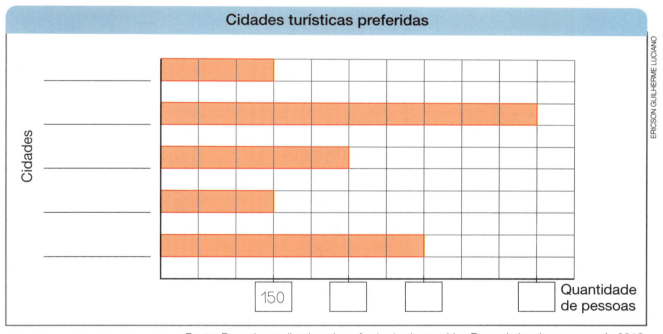

Fonte: Pesquisa realizada pela agência de viagens Voo Bom, de janeiro a março de 2018.

b) Em sua opinião, qual cidade deveria ser escolhida pela agência de viagens para o pacote promocional? _____

Cálculo mental

1 Pinte cada barra conforme a legenda. Em seguida, complete a adição, cujo resultado é uma unidade (um inteiro).

a) 🖊 $\frac{3}{4}$ da barra 🖊 o restante da barra

$\frac{3}{4} + \boxed{} = 1$

b) 🖊 $\frac{2}{5}$ da barra 🖊 o restante da barra

$\frac{2}{5} + \boxed{} = 1$

c) 🖊 $\frac{6}{8}$ da barra 🖊 o restante da barra

$\frac{6}{8} + \boxed{} = 1$

d) 🖊 $\frac{7}{10}$ da barra 🖊 o restante da barra

$\frac{7}{10} + \boxed{} = 1$

212 duzentos e doze

2 Localize as frações nas retas numéricas.

a) $\frac{1}{2}$ $\frac{3}{4}$ $\frac{1}{4}$

b) $\frac{2}{10}$ $\frac{7}{10}$ $\frac{9}{10}$

$\frac{1}{2} = \frac{5}{10}$

3 Compare a medida do comprimento do lápis com o comprimento das barras lilás e laranja e, em seguida, marque com um **X** as frases verdadeiras.

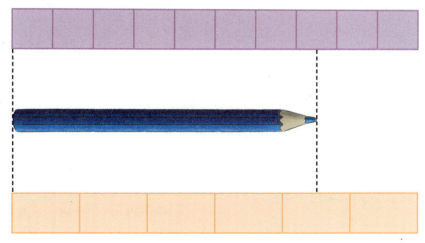

O lápis azul tem comprimento:

a) ☐ maior que $\frac{7}{10}$ da barra lilás e menor que $\frac{5}{6}$ da barra laranja.

b) ☐ maior que $\frac{8}{10}$ da barra lilás e menor que $\frac{5}{6}$ da barra laranja.

c) ☐ menor que $\frac{1}{2}$ da barra laranja e maior que $\frac{4}{6}$ da barra lilás.

d) ☐ menor que $\frac{8}{10}$ da barra lilás e maior que $\frac{4}{6}$ da barra laranja.

O que você aprendeu

1 Marque a fração que representa a parte pintada em verde da figura.

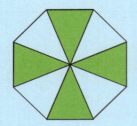

a) ☐ $\dfrac{1}{8}$ c) ☐ $\dfrac{5}{8}$

b) ☐ $\dfrac{3}{8}$ d) ☐ $\dfrac{4}{8}$

2 Como lemos a fração $\dfrac{4}{15}$?

a) ☐ Quatro quinze.

b) ☐ Quatro e quinze.

c) ☐ Quatro quinze avos.

d) ☐ Quinze quartos.

3 Marque a figura cuja parte pintada em laranja pode ser representada pela fração $\dfrac{2}{5}$.

a)   c)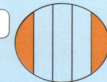

b)    d)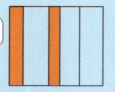

4 Em uma festa, $\dfrac{1}{5}$ dos convidados era adulto e o restante era criança. Que fração dos convidados representa as crianças?

a) ☐ $\dfrac{4}{5}$

b) ☐ $\dfrac{3}{5}$

c) ☐ $\dfrac{2}{5}$

d) ☐ $\dfrac{1}{2}$

5 Sabe-se que $\dfrac{1}{2}$ de 100 pessoas que está na fila de uma exposição tem menos de 15 anos. Quantas são essas pessoas?

a) ☐ 20 pessoas.

b) ☐ 40 pessoas.

c) ☐ 25 pessoas.

d) ☐ 50 pessoas.

6 Marque com um **X** a alternativa certa. Em cada caso, comparamos frações de uma mesma quantidade ou de uma mesma figura.

a) ☐ $\dfrac{1}{4} < \dfrac{3}{4}$

b) ☐ $\dfrac{1}{10} > \dfrac{8}{10}$

c) ☐ $\dfrac{2}{3} > \dfrac{4}{3}$

d) ☐ $\dfrac{6}{7} < \dfrac{5}{7}$

7 Tiago e Laura desenharam, cada um, uma figura e representaram a parte pintada de cada uma de duas formas diferentes.

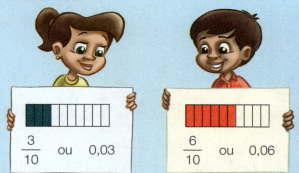

Marque com um **X** a alternativa correta.

a) ☐ Os dois erraram a representação decimal.

b) ☐ Apenas Tiago errou a representação fracionária.

c) ☐ Apenas Laura errou a representação fracionária.

d) ☐ Nenhum deles cometeu erro.

8 Marque com um **X** a única decomposição de 12,318 que **não** está certa.

Observar o quadro pode ajudar você.

D	U	d	c	m
1	2,	3	1	8

a) ☐ 12 + 0,318

b) ☐ 12 + 0,31 + 0,008

c) ☐ 12 + 0,3 + 0,01 + 0,008

d) ☐ 12 + 0,3 + 0,18

9 Marque com um **X** a figura cuja parte pintada pode ser representada por 0,58.

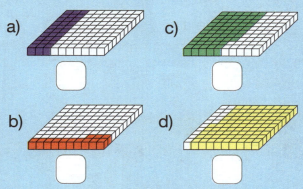

10 Davi tem R$ 5,63 e Lorena tem R$ 6,49. Eles pretendem juntar o que têm e comprar um conjunto de canetas que custa R$ 12,00. Que quantia faltará ou sobrará?

a) ☐ Faltarão R$ 0,12.

b) ☐ Sobrarão R$ 0,12.

c) ☐ Faltarão R$ 0,86.

d) ☐ Sobrarão R$ 0,86.

Quebra-cuca

Janaína escreveu os seguintes números na forma decimal, mas se esqueceu de colocar a vírgula.

$\boxed{1\ 5\ 0\ 8\ 5}$ $\boxed{1\ 5\ 3\ 8}$

Coloque a vírgula nos números que Janaína escreveu sabendo que ela se lembra de que:

- o algarismo 8 tem o mesmo valor posicional nos dois números;
- o número que tem o algarismo 3 é o maior.

duzentos e quinze

UNIDADE 7
Mais grandezas e medidas

Para começar...

A classe de Ana está participando de uma gincana na escola.

- Cada equipe tem 2 minutos para completar todas as provas. O cronômetro mostra que já se passou 1 minuto e 17 segundos do tempo que essa equipe tem. Quanto tempo ainda resta à equipe para completar todas as provas?

Para refletir...

Na 3ª prova da gincana, o participante deve obter exatamente 1 quilograma com as peças disponíveis.

- Se Ana puser na balança a peça que está segurando, quantos gramas a balança vai marcar? Ela conseguirá obter mais que, menos que ou exatamente 1 quilograma?

_____

TEMA 1. Medidas de tempo

Dia, hora e minuto

Veja nos relógios das cenas abaixo a que horas Fabiana chegou ao hospital em que trabalha e a que horas ela saiu de lá em um dia da semana.

a) Quantas horas Fabiana ficou no hospital nesse dia? _____

b) Após quantos dias ela terá trabalhado o período de tempo em horas que equivale a 1 dia completo? _____

> Indicamos 1 hora por: 1 h

> 1 dia = 24 h

Atividades

1 Na semana passada, de segunda a sábado, César dormiu da meia-noite às 6 horas da manhã. Quantas horas ele dormiu ao todo nesse período?

_____

• Pinte o quadro que indica o período de tempo que César dormiu.

| Menos de 1 dia. | 1 dia e meio. | 2 dias completos. | Mais de 2 dias completos. |

2 Calcule mentalmente quantos dias estão representados em cada caso.

a) 72 horas ▶ _____

b) 48 horas ▶ _____

c) 12 horas ▶ _____

d) 60 horas ▶ _____

3) Renato vai assistir a uma comédia que acabou de estrear nos cinemas. Observe as cenas abaixo e responda às questões.

a) Quantos minutos faltam para começar o filme? _____

b) Se a duração do filme é 90 minutos, a que horas ele terminará?

_____

Indicamos 1 minuto por: 1 min

1 h = 60 min

4) Uma partida de vôlei foi disputada em 4 *sets*, com intervalos de 5 minutos entre um *set* e outro.

Duração da partida de vôlei

Set	Duração
1º	23 min
2º	19 min
3º	29 min
4º	31 min

Dados obtidos na partida de vôlei, nov. 2017.

 a) Quanto tempo durou a partida, incluindo os intervalos? _____

b) Qual foi o *set* que durou mais tempo? Esse tempo equivale a mais ou menos de meia hora? _____

5) Escreva o horário registrado em cada relógio.

De noite
_____

De noite
_____

De dia
_____

duzentos e dezenove

Hora, meia hora e um quarto de hora

- O time do Flamingo está jogando contra o do Gavião. O jogo deveria ter começado às 19 horas, mas atrasou. O tempo de atraso desse jogo corresponde a que fração da hora?

Observe e complete.

O jogo começou com um atraso de _____ minutos.

Uma hora tem _____ minutos, meia hora tem 30 minutos.

O tempo de atraso desse jogo foi de _____ minutos

ou _____ hora.

| Cada intervalo de tempo de 30 minutos corresponde a meia hora (ou $\frac{1}{2}$ hora). | 30 min = $\frac{1}{2}$ h |

- Márcio treina natação três vezes por semana. Em cada dia, seu treino dura 1 hora e é dividido em 4 partes. Em cada parte, ele nada um estilo. O tempo dedicado a cada estilo corresponde a que fração da hora?

Observe e complete.

1ª parte	2ª parte	3ª parte	4ª parte
15 minutos de nado *crawl*	15 minutos de nado costas	15 minutos de nado peito	15 minutos de nado borboleta

Em uma hora, há 4 intervalos de tempo de _____ minutos.

A cada estilo, Márcio dedica _____ minutos ou _____ de hora.

| Cada intervalo de tempo de 15 minutos corresponde a um quarto de hora (ou $\frac{1}{4}$ de hora). | 15 min = $\frac{1}{4}$ h |

Atividades

1 Indique o tempo em hora e minuto, como no modelo a seguir.

> 8 horas mais $\frac{1}{4}$ de hora são 8 horas e 15 minutos.

a) 7 horas mais $\frac{3}{4}$ de hora são _____.

b) 3 horas mais $\frac{2}{4}$ de hora são _____.

c) Falta $\frac{1}{4}$ de hora para as 9 horas, ou seja, são _____.

2 Malu estuda de manhã, e o portão de sua escola fecha às 7 horas. Se ela demora 30 minutos para se arrumar e tomar café e 15 minutos para chegar à escola, a que horas ela deve acordar para não chegar atrasada?

_____

3 Diana foi com sua mãe à feira. Elas saíram de casa às 9 horas; quando voltaram, faltava um quarto de hora para as 10 horas. Agora, responda às questões.

a) Quanto tempo elas ficaram fora de casa?

_____

b) O tempo que elas ficaram fora de casa corresponde a quantos quartos de hora? _____

duzentos e vinte e um

Minuto e segundo

Gisele quer esquentar seu almoço no forno de micro-ondas. Para isso, ela apertou a tecla correspondente a 1 minuto, e após 25 segundos o aparelho indicava os segundos restantes, como mostra a figura ao lado. Por quantos segundos, ao todo, o lanche esquentará?

Após 25 segundos, ainda faltam __35__ segundos para completar o tempo de 1 minuto de aquecimento.

__25__ + __35__ = _____

__1__ minuto equivale a _____ segundos.

O lanche esquentará por _____ segundos ao todo.

> Indicamos 1 segundo por: 1 s

> 1 min = 60 s

Atividades

1. Debata as questões a seguir com seus colegas.

a) Você já mediu um intervalo de tempo de alguma situação em minutos? E em segundos?

b) 1 minuto é muito tempo ou pouco tempo? Por quê?

c) E, no trânsito, o que podem significar alguns segundos? E 1 minuto?

2. Um professor de ginástica pediu que cada exercício fosse repetido por determinado tempo. Por quanto tempo foi repetido cada exercício, se o ponteiro dos segundos deu:

a) 4 voltas?

_____

b) 5 voltas e meia?

_____

A cada 1 minuto, o ponteiro vermelho, que é o dos segundos, dá uma volta completa.

3. Com uma calculadora, descubra quantos minutos e segundos correspondem a 500 segundos.

_____

4 Complete o quadro a seguir, sabendo que uma torneira aberta fornece 2 litros de água a cada 20 segundos.

Tempo	Quantidade de litros
20 segundos	2
40 segundos	
1 minuto	
	18
	30

5 Para fazer um desenho animado, são necessários 20 desenhos para cada 1 segundo de animação. Quantos desenhos são necessários para fazer 1 minuto de animação?

São necessários _____ desenhos para fazer 1 minuto de animação.

6 Faça uma estimativa e ligue cada ação ao tempo necessário para realizá-la.

| Correr 50 metros bem rápido. | Dar um espirro. | Fritar um ovo. | Assistir a um filme. |

7 Responda às perguntas de cada quadro.

| Qual intervalo de tempo é maior: 5 min ou 299 s? | Qual intervalo de tempo é maior: 3 min e 20 s ou 200 s? |

• Agora, converse com um colega sobre como vocês fizeram para descobrir as respostas.

duzentos e vinte e três **223**

Milênio, século, década e ano

Carla estava lendo o jornal e parou nesta página.
Observe e complete.

Acontece na cidade

Fábrica Áqua comemora uma década de liderança no ramo alimentício.

Em 2017, houve a comemoração de um século da fundação do 1º clube esportivo da cidade.

Exposição 1 000 anos de arte

Venha desvendar um milênio de mistérios na nova exposição do Museu de Arte.

A fábrica Áqua está na liderança do ramo alimentício há _____ década, que é o mesmo que _____ anos.

Em 2017, foi comemorado _____ século, ou _____ anos, da fundação do Clube 6 de Abril.

A nova exposição do Museu de Arte exibe itens de cerca de _____ milênio, que é o mesmo que _____ anos.

| 1 década = 10 anos | 1 século = 100 anos | 1 milênio = 1 000 anos |

Atividades

1 Pinte da mesma cor as expressões equivalentes.

48 meses	40 anos	400 anos
3 séculos	40 décadas	4 décadas
4 séculos	300 anos	29 décadas e 10 anos
10 décadas e 60 anos	4 anos	1 século e 6 décadas

2 Observe as fotos e depois responda às questões.

Primeira transmissão de televisão, em 1925.

Invenção do automóvel a gasolina, em 1885.

Invenção do telefone, em 1876.

John Baird ao lado de sua invenção, o 1º aparelho de televisão, no Science Museum, em 1926.

Modelo do 1º automóvel a gasolina, o Benz Patent Motorwagen.

Reprodução do telefone de Graham Bell, de 1876.

a) Qual desses acontecimentos é o mais antigo? E o mais recente?

_____

b) Quais desses acontecimentos têm mais de 1 século?

_____

c) Quantas décadas, aproximadamente, separam o acontecimento mais antigo do mais recente?

_____

duzentos e vinte e cinco

TEMA 2. Medidas de massa

Tonelada, quilograma e grama

Observe as situações. Depois complete.

- Foram entregues 500 quilogramas de café.
- Puxa, meia tonelada de café!
- Tem 800 gramas.
- Coloque mais 200 gramas, porque quero 1 quilograma.

Meia tonelada é o mesmo que

_____ quilogramas.

Uma tonelada é igual a

_____ quilogramas.

__800__ + _____ = _____

Um quilograma é o mesmo que

_____ gramas.

O grama, o quilograma e a tonelada são unidades de medida de massa. Indicamos:
- 1 tonelada por 1 t
- 1 quilograma por 1 kg
- 1 grama por 1 g

1 t = 1 000 kg   1 kg = 1 000 g

Atividades

1. Tente dizer para um colega a medida de sua massa em toneladas e a massa de um navio em quilogramas.
- Em seguida, responda: foi fácil dizer a quantidade dessas massas?

2 Um barco pode transportar no máximo 4 toneladas de mercadoria. Ele já foi carregado com 900 kg de aço, 750 kg de ferro, 1 200 kg de alumínio e 850 kg de cobre. Ainda falta colocar o carregamento de bronze. Quantos quilogramas de bronze podem ser colocados, no máximo, nesse barco?

Podem ser colocados, no máximo, _____ quilogramas de bronze nesse barco.

3 Complete com a unidade de medida de massa adequada em cada caso: g, kg ou t.

a) Pera — 100 _____

b) Elefante — 5 _____

c) Menino — 35 _____

d) Botão — 1 _____

4 Faça estimativas e contorne o item que tem a maior massa em cada caso.

a) Bola de tênis — Bola de basquete

b) Balde — Ferro de passar roupas

c) Cacho de uvas — Melancia

d) Fatia de bolo — Balão de festa

duzentos e vinte e sete

Grama e miligrama

Um farmacêutico estava verificando sua balança de precisão e, para sua satisfação, o aparelho estava em ordem. Então, ele colocou na balança dois comprimidos de 500 miligramas cada um.

a) Quantos miligramas correspondem a 1 grama?

_____

b) Se ele tivesse colocado na balança 4 comprimidos de 500 miligramas cada um, que valor apareceria no visor? _____

Indicamos 1 miligrama por: 1 mg

1 g = 1 000 mg

Atividades

1. Observe os preços praticados por uma empresa que presta serviços de envio e entrega de correspondências, em outubro de 2017, para o envio de carta comercial sem serviços adicionais. Depois, responda à questão.

Massa (em grama)	Preço
Até 20	R$ 1,80
Mais de 20 até 50	R$ 2,55
Mais de 50 até 100	R$ 3,50
Mais de 100 até 150	R$ 4,25

- Cecília enviou 4 cartas comerciais: 2 com 15 gramas cada uma e 2 com 76 gramas cada uma. Quanto ela pagou pelo envio dessas correspondências?

_____

2. Converse com seus colegas.

a) Vocês já ouviram falar em miligrama? Se ouviram, em que situação?

b) Vocês sabem o que significa 1 miligrama?

3 Escreva a quantos miligramas equivale a massa indicada em cada caso.

a) 10 gramas ▶ _____

b) 0,5 grama ▶ _____

c) 3 gramas ▶ _____

d) 8,25 gramas ▶ _____

e) 270 gramas ▶ _____

f) 19,05 gramas ▶ _____

4 Uma fábrica usa 5 mg de essência em pó na produção de cada frasco de perfume. Para produzir 1 000 frascos desse perfume, quantos gramas de essência em pó serão usados?

_____

5 Observe a ilustração. Depois, complete o quadro abaixo com a massa dos grãos de feijão aproximada.

Quantidade de grãos de feijão	Massa (em grama)
400	
200	
100	

- Agora, explique a um colega como você pensou para completar o quadro.

duzentos e vinte e nove

A Matemática me ajuda a ser...

... um leitor de rótulos

Você sabe para que servem alguns dos nutrientes, como proteínas, gorduras e carboidratos, presentes na nossa alimentação?

Porção
Fique atento! As informações nutricionais do rótulo se referem a uma porção do produto, e não a todo o conteúdo da embalagem.

Nutrientes
Existem vários tipos de nutrientes, e cada um tem sua função. Ter uma alimentação equilibrada significa ingerir os nutrientes sem exagerar nem deixar faltar nenhum.

PORÇÃO: 30 g (3 BISCOITOS)

Quantidade por porção		%VD*
Valor energético	131 kcal = 550 kJ	7%
Carboidratos	19 g, dos quais:	6%
Açúcares	9,0 g	3%
Proteínas	2,0 g	9%
Gorduras Totais	5,2 g	8%
Gorduras Saturadas	1,7 g	**
Gorduras Trans	não contém	5%
Fibra Alimentar	1,2 g	3%
Sódio	60 mg	21%
Cálcio	207 mg	

* % Valores diários de referência com base em uma dieta de 2.000 kcal ou 8.400 kJ. Seus valores diários podem ser maiores ou menores dependendo de suas necessidades energéticas.
** VD não estabelecido.

Carboidratos
Fornecem energia para as células do corpo, principalmente para o cérebro. Ajudam no desenvolvimento do corpo.

Gorduras
São as principais fontes de energia do corpo e ajudam na absorção de algumas vitaminas.

Fibra alimentar
Contribui para uma boa digestão.

Cálcio
Essencial na formação dos ossos e dos dentes.

Proteínas
São essenciais para o fortalecimento dos músculos.

Ferro
Previne a anemia e ajuda na circulação do sangue.

Sódio
Regula a quantidade de líquidos do corpo.

Vitaminas
Controlam o funcionamento do corpo e ajudam a prevenir doenças.

Fontes: Saiba como ler os rótulos de alimentos industrializados. Disponível em: <http://mod.lk/rotulosb>; Tipos de nutrientes. Disponível em: <http://mod.lk/nutri>. Acessos em: 27 jul. 2018.

Tome nota

1. Quantos biscoitos há em uma porção do pacote ilustrado na página anterior?
   _____

2. Entre os nutrientes citados, quais fornecem energia para nosso corpo?
   _____

Reflita

 Você considera sua alimentação saudável? Por quê?

1 pacote (12 biscoitos) contém:
828 mg de cálcio
$\frac{83}{100}$ da quantidade diária recomendada

1 porção (3 biscoitos) contém:
207 mg de cálcio
$\frac{21}{100}$ da quantidade diária recomendada

1 biscoito contém:
69 mg de cálcio
$\frac{7}{100}$ da quantidade diária recomendada

Dica!
Um pacote de biscoito pode ter quase toda a quantidade de cálcio de que precisamos consumir em um dia. Porém, o biscoito tem outros ingredientes que, em excesso, podem fazer mal. O ideal é comer apenas alguns biscoitos e complementar a dieta diária com outros alimentos ricos em cálcio. Um copo de 200 mℓ de leite integral, por exemplo, tem aproximadamente 250 mg de cálcio.

Medidas de capacidade

Litro e mililitro

Jair foi ao supermercado para comprar uma embalagem com 2 litros de desinfetante, mas essa embalagem estava em falta. Então, ele comprou 4 embalagens de 500 mililitros, iguais à mostrada abaixo.

a) Quantos mililitros de desinfetante Jair comprou? Essa quantidade corresponde a quantos litros?

_____

b) Quantos reais ele economizaria se tivesse comprado a embalagem com 2 litros de desinfetante?

_____

Indicamos:
- 1 litro por 1 ℓ ou 1 L
- 1 mililitro por 1 mℓ ou 1 mL

1 ℓ = 1 000 mℓ

Atividades

1. Observe os rótulos das embalagens e responda às questões.

a) Em qual das embalagens cabe maior quantidade de líquido? _____

b) O conteúdo da garrafa de 1 litro pode encher, completamente, quantas latinhas iguais à mostrada ao lado: mais de 4 ou menos de 4?

_____

232 duzentos e trinta e dois

2 Faça estimativas e complete com a unidade de medida mais adequada em cada caso: ℓ ou mℓ.

a) A caixa-d'água de minha casa tem capacidade para 1 000 _____.

b) Na mamadeira, há 240 _____ de leite.

c) A lata contém 18 _____ de tinta.

d) O pote plástico de guache contém 50 _____.

3 Observe o gráfico.

- Agora, marque com um **X** apenas a afirmação verdadeira.

☐ O consumo nos 4 meses foi de 40 mil litros.

☐ O consumo nos primeiros 2 meses foi o dobro do consumo nos 2 últimos meses.

☐ O consumo em março foi a metade do consumo em janeiro.

☐ Houve um aumento no consumo nos 2 últimos meses em relação ao consumo nos 2 primeiros meses.

4 Complete o quadro a seguir.

Capacidade de cada copo	Quantidade de copos para formar 1 litro
500 mℓ	2
250 mℓ	
200 mℓ	
125 mℓ	
100 mℓ	
50 mℓ	

duzentos e trinta e três

Compreender problemas

Para resolver

Problema 1

Catarina organizou uma exposição de fotos que durou 3 dias e, para isso, precisou contratar 3 recepcionistas, Ofélia, Telma e Diego, que atenderiam os visitantes nos períodos da manhã e da tarde. Eles trabalharam nas seguintes condições:

- Cada recepcionista trabalhou 2 dias da exposição.

- Se o recepcionista trabalhasse em um dos períodos em um dia, no outro dia ele deveria trabalhar no outro período.

- Diego trabalhou no 1º dia à tarde e no 3º dia pela manhã. Complete o quadro que Catarina fez para organizar os horários dos recepcionistas.

Dia	Quem trabalhará de manhã?	Quem trabalhará à tarde?
1º dia		Diego
2º dia		
3º dia		

Problema 2

Tiago fez suco para sua família. Ele precisou misturar 1 litro de água com o suco concentrado. Para medir 1 litro de água, ele só poderia usar 3 tipos diferentes de copo, como mostra a figura.

Descreva como Tiago pôde proceder para medir exatamente 1 litro de água.

_____
_____
_____
_____
_____

200 mL 250 mL 300 mL

Para refletir

1 Compare suas soluções para o *Problema 1* e para o *Problema 2* com as de um colega. Vocês obtiveram a mesma resposta para cada um dos problemas?

2 Veja a solução que Lúcio encontrou para o *Problema 1*.

Dia	Quem trabalhará de manhã?	Quem trabalhará à tarde?
1º dia	Telma	Diego
2º dia	Telma	Afélia
3º dia	Diego	Afélia

- Essa solução está certa? Justifique sua resposta.

_____
_____
_____

3 Qual dos alunos apresentou uma solução possível para o *Problema 2*?

Melina: Foi possível medir exatamente 1 litro de água usando 3 vezes o copo de 300 mL.

Lucas: Foi possível medir exatamente 1 litro de água usando apenas 1 vez o copo de 250 mL.

_____

4 Responda às questões.

a) Como o *Problema 1* pode ser alterado para que ele tenha uma única resposta?

b) Como o *Problema 2* pode ser alterado para que ele não tenha resposta?

duzentos e trinta e cinco

Compreender informações

Organizar dados de uma pesquisa em planilhas eletrônicas

1 Hélio quer fazer uma pesquisa com seus colegas de classe sobre o esporte preferido de cada um. Para isso, ele distribuiu entre seus colegas a ficha representada a seguir.

Nome: _____

Esporte preferido: _____

Após receber todas as fichas preenchidas por seus colegas, Hélio organizou os dados em uma planilha eletrônica utilizando seu computador.

	A	B	C
1	**Esporte**	**Total de votos**	
2	Futebol	10	
3	Basquete	8	
4	Natação	7	
5	Judô	4	
6			
7			

a) Que informações Hélio colocou na coluna A dessa planilha?
_____

b) E que informações ele colocou na coluna B?
_____

c) Na linha 3, podemos identificar as informações correspondentes a qual esporte?
_____

d) Que informação presente na ficha não foi representada na planilha eletrônica? Por que você acha que isso ocorreu?

e) Construa, na malha quadriculada da Ficha 22, um gráfico de colunas para representar as informações da pesquisa de Hélio. Não se esqueça de dar um título para o seu gráfico.

2 Agora, faça uma pesquisa sobre o animal preferido de seus colegas. Para isso, veja as orientações a seguir:

√ Elabore uma ficha para que cada um de seus colegas indique o animal preferido.

√ Organize os dados em uma tabela ou em uma planilha eletrônica.

√ Construa um gráfico de barras com as informações obtidas.

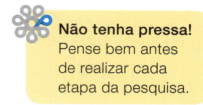

Não tenha pressa! Pense bem antes de realizar cada etapa da pesquisa.

- Após realizar a pesquisa, faça o que se pede.

a) Que informações você colocou na ficha que seus colegas preencheram? Além do animal preferido, que outras informações você pode obter com os dados dessa ficha?

_____
_____

b) Na tabela ou na planilha eletrônica, que informações você organizou em cada coluna?

_____
_____

c) Ao construir seu gráfico, que informações você representou no eixo horizontal? E no eixo vertical?

_____
_____

d) Compare o gráfico que você construiu com o gráfico construído por outro colega. Há diferenças?

_____
_____

e) Caso haja diferenças, por que você acha que isso ocorreu? Converse com o professor e os colegas.

f) Escreva duas afirmações que podem ser feitas sobre os dados de sua pesquisa.

_____
_____

duzentos e trinta e sete

Cálculo mental

 1 Observe as jarras e pinte em cada uma a quantidade de suco indicada.

a) 500 mℓ de suco de uva

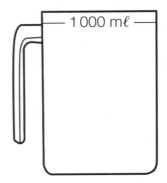

b) 250 mℓ de suco de maracujá

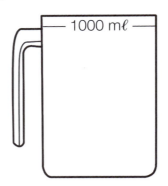

c) $\frac{1}{2}$ ℓ de suco de limão

d) $\frac{1}{4}$ ℓ de suco de graviola

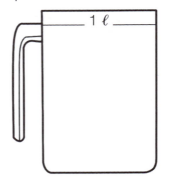

- Agora, complete o quadro de acordo com a quantidade de suco em cada jarra.

Jarra com suco	Em mililitro	Em litro
	1000 mℓ	

2 Escreva a fração do litro que cada marca representa no recipiente.

a) Agora, imaginando que uma pessoa colocou nesse recipiente $\frac{1}{8}$ de litro de óleo, faça a marca de $\frac{1}{8}$ de litro e pinte o óleo no recipiente.

b) Quantos mililitros correspondem a $\frac{1}{8}$ de litro de óleo? _____

3 Complete o quadro com as medidas de capacidade.

Medida em litro		$\frac{1}{2}$ ℓ		$\frac{1}{5}$ ℓ	$\frac{1}{10}$ ℓ	
Medida em mililitro	1 000 ml		250 ml			300 ml

4 Ligue cada reservatório, cuja capacidade é de 100 litros, à fração que corresponde à parte preenchida com água.

 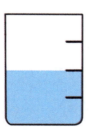  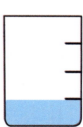

$\frac{2}{4}$ preenchidos

$\frac{4}{4}$ preenchidos

$\frac{3}{4}$ preenchidos

$\frac{1}{4}$ preenchido

O que você aprendeu

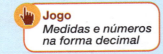
Jogo
Medidas e números na forma decimal

1 Dois minutos é o mesmo que:

a) ☐ 600 s c) ☐ 60 s

b) ☐ 120 s d) ☐ 12 s

2 Observe o relógio.

Após 180 segundos, o relógio estará marcando que horário?

a) ☐ 1 h 27 min

b) ☐ 1 h 29 min

c) ☐ 1 h 28 min

d) ☐ 1 h 30 min

3 Um quarto de duas horas corresponde a quantos minutos?

a) ☐ 20 minutos.

b) ☐ 10 minutos.

c) ☐ 30 minutos.

d) ☐ 15 minutos.

4 Uma cidade com cerca de 4 séculos de idade foi construída por volta de que ano?

a) ☐ 1000 c) ☐ 1800

b) ☐ 1600 d) ☐ 1970

5 Um milênio e meio é o mesmo que quantas décadas?

a) ☐ 10 décadas.

b) ☐ 15 décadas.

c) ☐ 100 décadas.

d) ☐ 150 décadas.

6 Lupércio e Sandra são os pais de Estevam. Sandra nasceu em 1972, e Lupércio é 5 anos mais velho que ela. Lupércio nasceu em que ano?

a) ☐ 1967 c) ☐ 1975

b) ☐ 1969 d) ☐ 1977

7 Um caminhão está transportando 6 toneladas de alimentos. A metade dessa carga é de feijão, 800 kg são de milho e o restante é de arroz. Quantos quilogramas de arroz o caminhão está transportando?

a) ☐ 2 000 kg

b) ☐ 2 200 kg

c) ☐ 3 000 kg

d) ☐ 2 400 kg

8 Um quinto de um grama equivale a:

a) ☐ 5 g c) ☐ 200 mg

b) ☐ 50 mg d) ☐ 5 000 mg

Para responder às questões 9 e 10, use as informações abaixo.

Capacidade

1 colher de sopa ▸ 15 mℓ

1 colher de sobremesa ▸ 10 mℓ

1 colher de chá ▸ 5 mℓ

9 A capacidade da colher de chá equivale a que fração da capacidade da colher de sopa?

a) ☐ Um terço.

b) ☐ Metade.

c) ☐ Um quarto.

d) ☐ Um quinto.

10 Quantas colheres de sobremesa são necessárias para formar 1 litro?

a) ☐ 100

b) ☐ 200

c) ☐ 300

d) ☐ 400

11 Aberto, um chuveiro provoca um gasto de aproximadamente 9 ℓ de água por minuto. Quantos litros de água serão gastos em um banho de 10 minutos de duração?

a) ☐ Menos de 20 ℓ de água.

b) ☐ Mais de 500 ℓ de água.

c) ☐ Menos de 100 ℓ de água.

d) ☐ Mais de 1 000 ℓ de água.

12 Observe a ilustração, leia o texto e responda à questão.

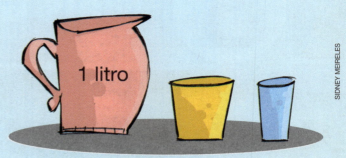

No copo amarelo, cabe a mesma quantidade de água que em 2 copos azuis. Na jarra, cabe a mesma quantidade de água que em 5 copos amarelos. Quantos mililitros cabem no copo azul?

a) ☐ 1 mℓ   c) ☐ 100 mℓ

b) ☐ 200 mℓ   d) ☐ 500 mℓ

Na embalagem cúbica verde, cabem exatamente 1 000 mℓ de água. Quantos litros de água cabem na embalagem cúbica amarela?

_____

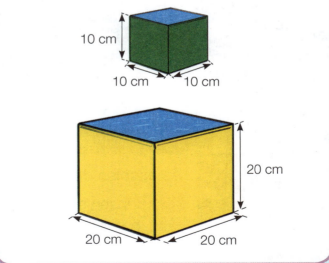

UNIDADE 8 — Mais Geometria

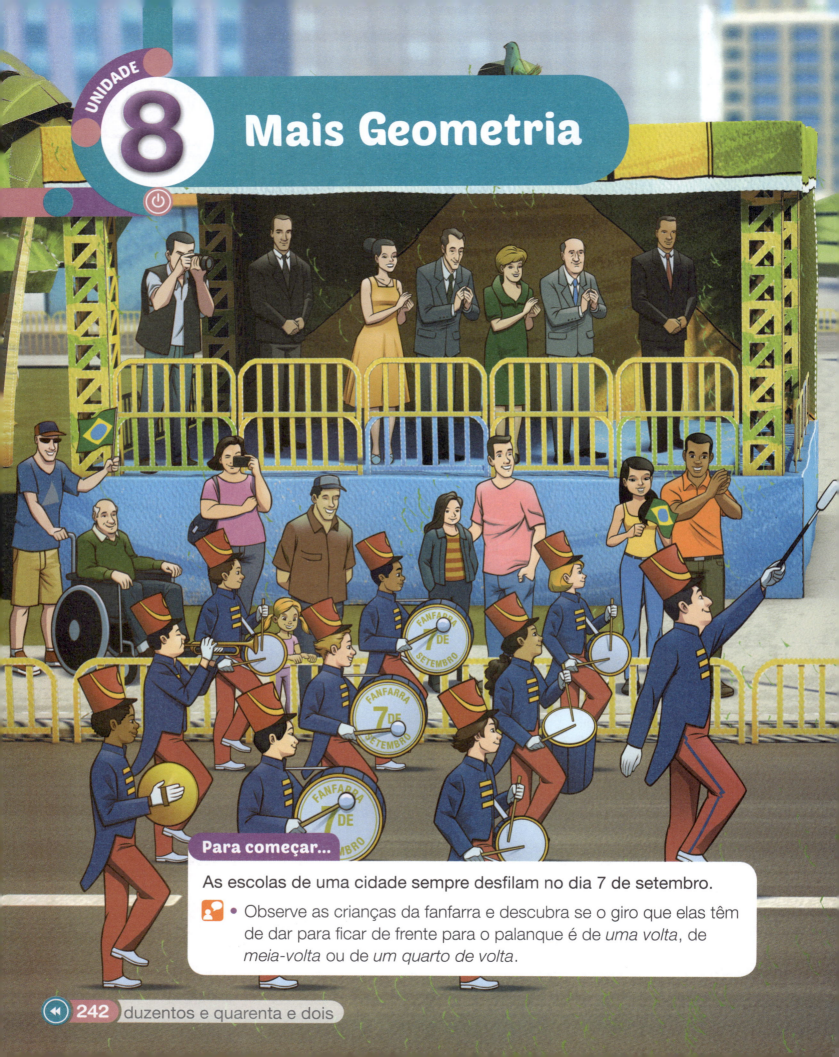

Para começar...

As escolas de uma cidade sempre desfilam no dia 7 de setembro.

- Observe as crianças da fanfarra e descubra se o giro que elas têm de dar para ficar de frente para o palanque é de *uma volta*, de *meia-volta* ou de *um quarto de volta*.

Para refletir...

O desfile acontece em uma rua paralela à Rua da Areia.

- Explique o que significam ruas paralelas.
- Agora, observe o mapa abaixo e diga em qual das ruas nele representadas ocorreu o desfile.

 Localização e movimentação

Malha quadriculada

Para chegar ao tesouro, Pedro fez o caminho mostrado na malha quadriculada ao lado.
Ele partiu do ponto indicado em **Início** e, para os quatro primeiros movimentos, seguiu estas instruções:

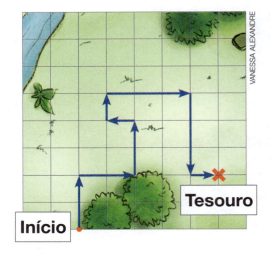

- Complete o trajeto de Pedro desenhando instruções que indiquem os outros quatro movimentos que ele fez até chegar ao tesouro.

- Depois de cada movimento, para fazer o próximo, Pedro teve de dar um giro de *uma volta*, de *meia-volta* ou de *um quarto de volta*?

Atividades

1. Observe as instruções e marque com um **X** o trajeto que corresponde às instruções dadas.

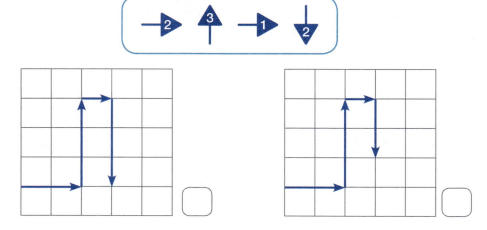

2 Faça o que se pede.

a) Invente um caminho na malha que comece no ponto vermelho e passe por todos os pontos verdes. Seu caminho deve ser feito sobre as linhas da malha.

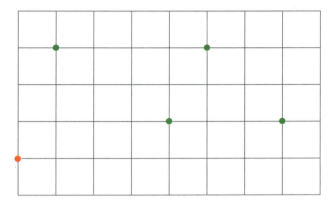

b) Desenhe com setas as instruções do caminho que você inventou.

3 O caminho representado na malha quadriculada abaixo é feito de 4 movimentos que se repetem. Quais são esses movimentos? Indique-os desenhando setas nos sentidos do percurso.

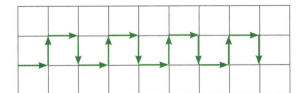

1º	2º	3º	4º

4 Invente instruções de um trajeto e anote-as no caderno. Depois, entregue-o a um colega para que ele trace o trajeto em uma folha de papel quadriculado. Você também vai traçar o trajeto seguindo as instruções que seu colega inventar. As instruções podem ser indicadas por setas ou por outro código que vocês inventarem.

duzentos e quarenta e cinco

Segmento de reta, reta e semirreta

- Observe o desenho que Maria Eduarda fez.

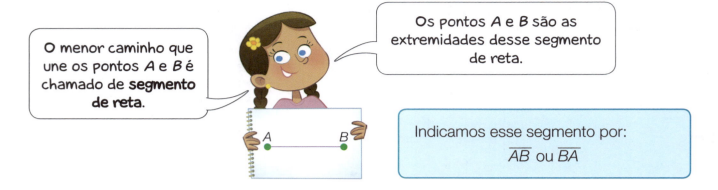

Indicamos esse segmento por: $\overline{AB}$ ou $\overline{BA}$

- Leia o que Lucas está dizendo.

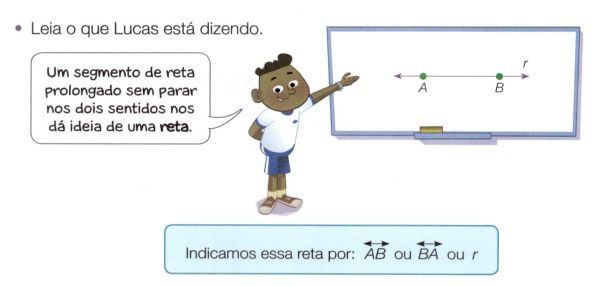

Indicamos essa reta por: $\overleftrightarrow{AB}$ ou $\overleftrightarrow{BA}$ ou r

- Agora, veja o desenho que Rodrigo fez.

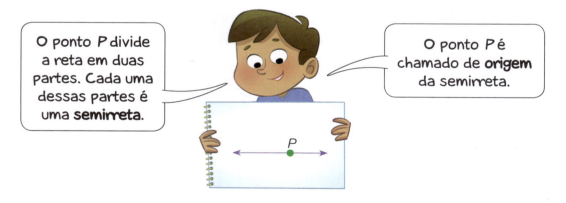

Marque um ponto Q na reta que Rodrigo desenhou. Com uma régua, trace no desenho dele uma semirreta que tenha origem no ponto Q e passe por P.

Indicamos essa semirreta por: $\overrightarrow{QP}$

Atividades

1 Escreva o número de segmentos de reta que cada figura possui.

 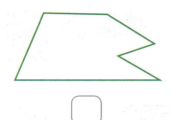 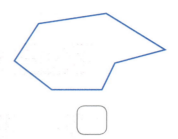

2 Observe a ilustração e responda às questões.

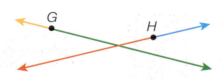

a) Qual é a origem da semirreta amarela?

E da semirreta verde? _____

b) Quais semirretas têm origem no ponto *H*?

_____

3 Com o auxílio de uma régua, desenhe o que se pede em cada caso.

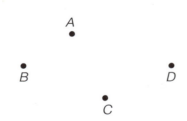

🖍 Duas retas que passem por *C*.

🖍 Duas semirretas que tenham origem no ponto *A*.

🖍 Um segmento cujos extremos sejam os pontos *B* e *D*.

4 Ligue as colunas para formar frases verdadeiras.

Uma reta	forma-se um segmento.
Um segmento	tem uma origem.
Uma semirreta	não tem início nem fim.
Ao marcar um ponto em uma reta,	tem duas extremidades.
Ao marcar dois pontos em uma reta,	formam-se duas semirretas.

duzentos e quarenta e sete

Retas paralelas e retas concorrentes

Observe o mapa e responda às questões.

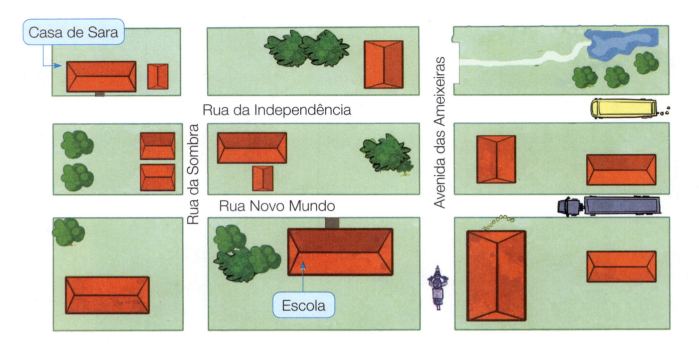

a) Se o ônibus continuar seu percurso pela Rua da Independência até a casa de Sara, e o caminhão continuar seguindo pela Rua Novo Mundo até a escola, eles se encontrarão?

_____

b) Se a moto e o caminhão continuarem a se locomover para a frente, eles passarão por um mesmo cruzamento?

_____

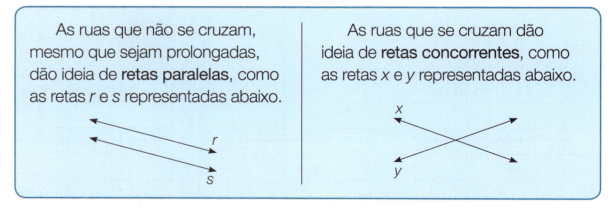

As ruas que não se cruzam, mesmo que sejam prolongadas, dão ideia de **retas paralelas**, como as retas r e s representadas abaixo.

As ruas que se cruzam dão ideia de **retas concorrentes**, como as retas x e y representadas abaixo.

c) A rua onde Sara mora é paralela à Avenida das Ameixeiras? Por quê?

_____

Atividades

1 Observe as bandeiras abaixo.

Escreva se as faixas brancas em cada bandeira lembram **retas paralelas** ou **retas concorrentes**.

a)
Dinamarca

_____

b)
Cabo Verde

_____

2 Observe as figuras e responda à questão.

- As retas *r* e *s* representadas em cada caso são paralelas ou concorrentes? Por quê?

a)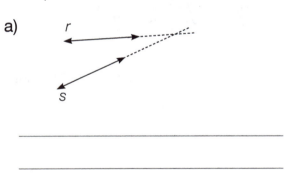

_____
_____
_____

c)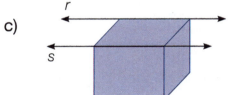

_____
_____
_____

b)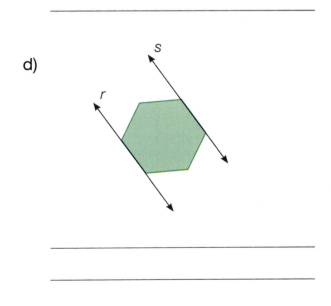

_____
_____
_____

d)

_____
_____
_____

Retas perpendiculares

Observe o mapa e, em seguida, faça o que se pede.

A linha tracejada representa o caminho que Tiago fez de sua casa ao mercado.

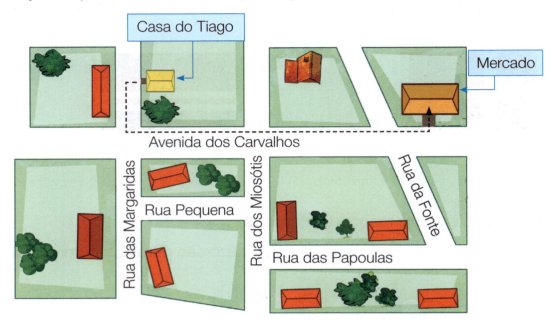

a) Quando chegou à esquina da Avenida dos Carvalhos com a Rua das Margaridas, Tiago deu um giro à esquerda. Esse giro foi de *uma volta*, de *meia-volta* ou de *um quarto de volta*?

_____

b) A Avenida dos Carvalhos e a Rua das Margaridas lembram retas paralelas ou concorrentes? Por quê?

_____

c) No mapa acima, aponte com o dedo pares de ruas perpendiculares. Depois, registre um desses pares.

_____

Atividades

1 Descreva a localização da rua de sua escola usando frases como: "Minha escola fica em uma rua paralela à Rua das Figueiras.", "A rua da minha escola é perpendicular à Avenida das Rosas." etc.

_____

_____

2 Observe as retas ao lado e faça o que se pede.

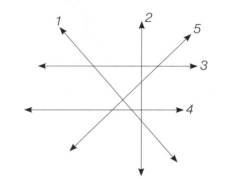

a) Quais são os números das retas paralelas?

_____

b) Cite um par de retas concorrentes.

_____

c) Cite um par de retas perpendiculares. _____

3 Observe, em cada caso, as retas concorrentes e os ângulos destacados.

Figura 1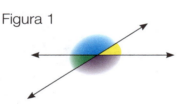

Figura 2

a) Agora, pegue uma folha de papel sulfite e compare a abertura do ângulo do canto da folha (ângulo reto) com cada um dos ângulos destacados. Depois, complete os quadros abaixo.

Figura 1

Cor da abertura do ângulo	Ângulo reto, agudo ou obtuso?
verde	
roxo	
azul	
amarelo	

Figura 2

Cor da abertura do ângulo	Ângulo reto, agudo ou obtuso?
verde	
roxo	
azul	
amarelo	

b) Se duas retas concorrentes formam quatro ângulos retos, elas são chamadas de **retas perpendiculares**. Quais das retas acima são perpendiculares: as retas da _Figura 1_ ou as retas da _Figura 2_? _____

duzentos e cinquenta e um

Simetria

Figuras que têm simetria

Gilda desenhou e recortou uma figura em uma folha de papel sulfite. Observe como ela fez.

1º
Gilda pegou uma folha de papel sulfite.

2º
Depois, ela dobrou a folha ao meio.

3º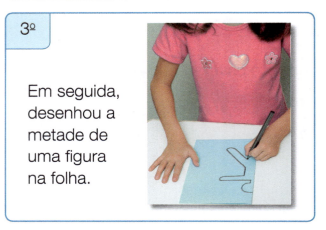
Em seguida, desenhou a metade de uma figura na folha.

4º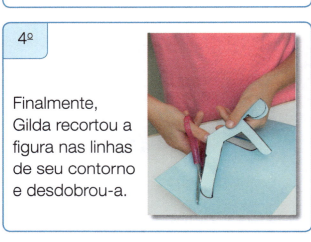
Finalmente, Gilda recortou a figura nas linhas de seu contorno e desdobrou-a.

- Agora, marque com um **X** a figura que Gilda construiu.

Dizemos que a figura recortada apresenta **simetria**, pois tem duas partes que coincidem quando são dobradas uma sobre a outra.

A linha de dobra na folha representa o **eixo de simetria** da figura.

Atividades

1 Trace um eixo de simetria de cada figura. Use uma régua para auxiliar no traçado.

As imagens nesta atividade não foram representadas em escala de tamanho.

a)
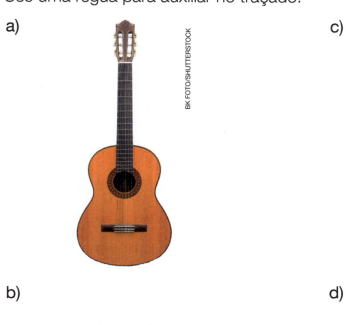

c)

b)

d)

2 A figura do quadro ao lado é uma das partes de uma figura que apresenta simetria. A linha verde é o eixo de simetria dela. Qual é a outra parte desta figura? Marque com um **X**.

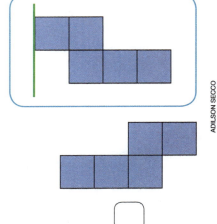

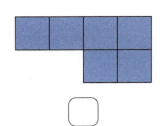

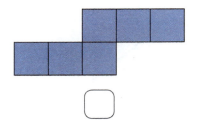

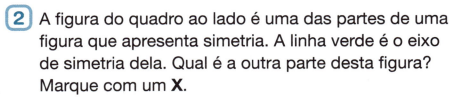

duzentos e cinquenta e três 253

3 Ligue cada figura do lado esquerdo da página a uma figura do lado direito da página, de maneira que a figura geométrica formada por essas duas partes ligadas apresente simetria. A linha azul é um eixo de simetria.

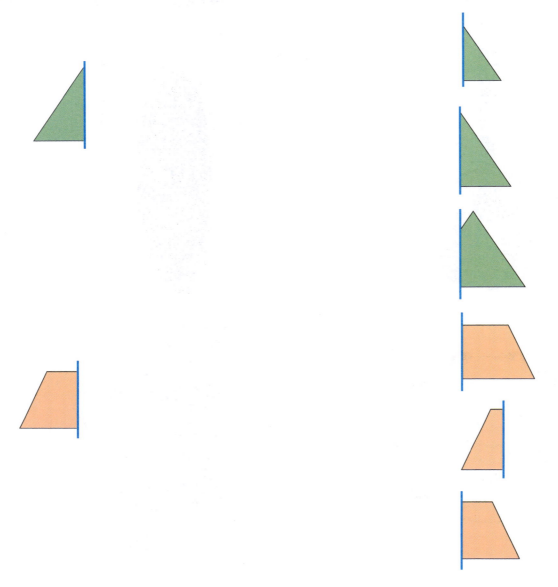

- Agora, escreva o nome das figuras geométricas planas formadas.

_____

4 Marque com um **X** a figura que apresenta simetria em relação ao eixo azul traçado.

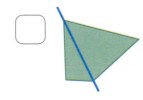 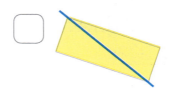 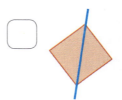

254 duzentos e cinquenta e quatro

Simetria na malha quadriculada

Observe as figuras desenhadas nas malhas quadriculadas.

Figura 1

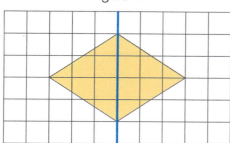

Figura 2

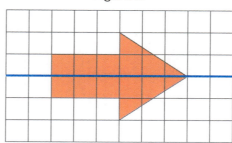

A parte da *Figura 1* que está desenhada à direita do eixo de simetria tem a mesma forma e o mesmo tamanho da parte dessa figura que está desenhada à esquerda do eixo. Isso também ocorre com as partes acima e abaixo do eixo de simetria da *Figura 2*.

- Agora, complete as figuras abaixo, sabendo que o eixo de simetria é a linha de cor laranja.

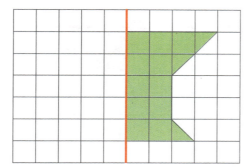
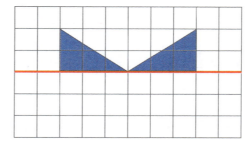

Atividades

1 Desenhe a outra parte para completar cada uma destas figuras, de modo que elas apresentem simetria em relação à linha azul. Se necessário, use uma régua.

a)
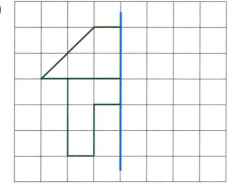

b)

2 Complete as figuras abaixo, sabendo que o eixo de simetria é a linha azul.

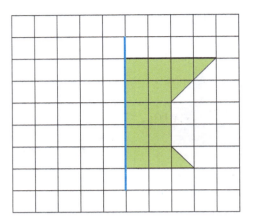 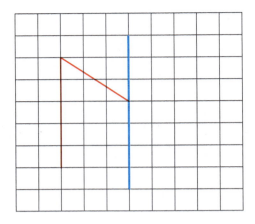

3 Marque com um **X** as figuras que apresentam simetria em relação à linha vermelha.

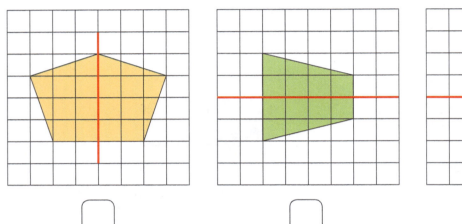 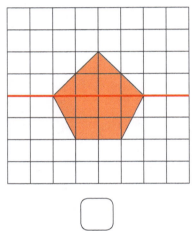

4 Complete as figuras na malha quadriculada sabendo que elas apresentam simetria em relação à linha roxa.

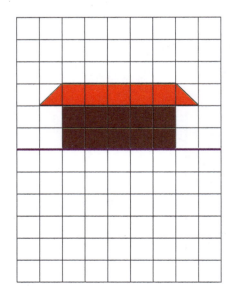 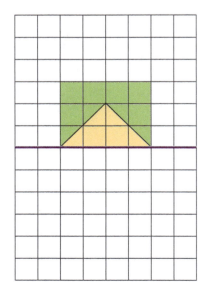 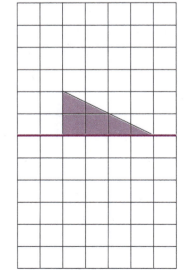

5 A letra V apresenta simetria em relação ao eixo azul traçado. Desenhe outras três letras que também apresentem simetria. Não se esqueça de desenhar o eixo de simetria.

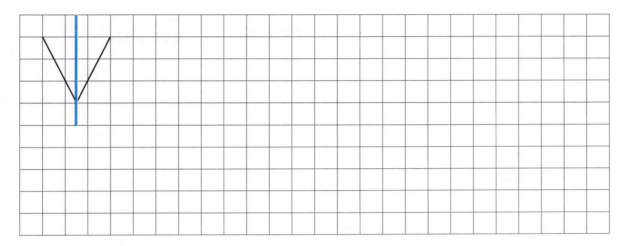

 6 Desenhe na malha quadriculada uma figura que apresente um ou mais eixos de simetria. Depois, troque seu livro com um colega, que deverá traçar os eixos de simetria em sua figura.

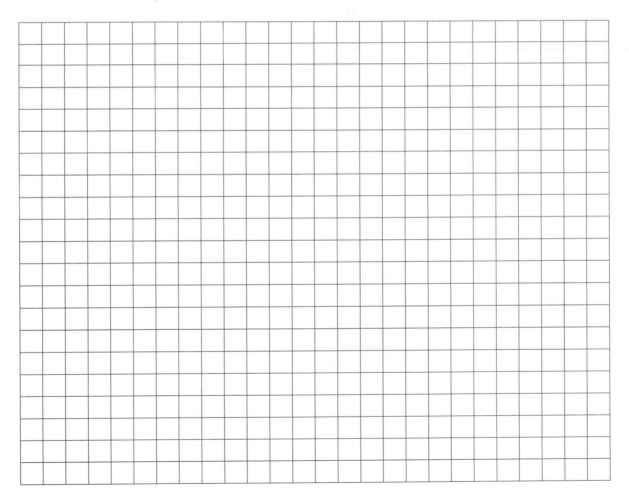

Simétrica de uma figura

Silvana pintou uma figura com guache e depois dobrou a folha ao meio com cuidado. Quando as duas partes da folha se tocaram, a tinta formou uma nova figura do outro lado da folha.

- Compare as figuras ao lado. O que você observou?

_____

_____

_____

Cada uma dessas duas figuras é simétrica da outra em relação ao eixo de simetria representado pela linha de dobra da folha.

Atividades

1 Marque com um **X** os desenhos que mostram uma figura e sua simétrica em relação ao eixo azul.

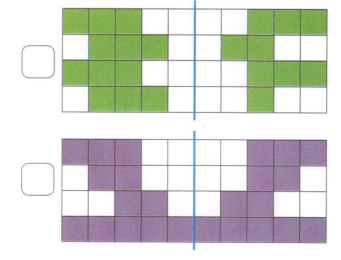

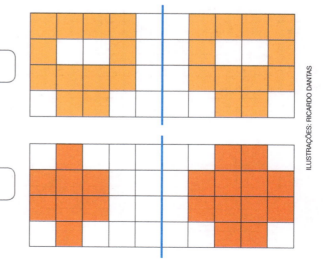

2 Na imagem ao lado, a simétrica da figura do cachorro é sua imagem refletida no espelho.

Imagine que há um espelho posicionado na linha azul em cada caso abaixo (como na imagem ao lado). Desenhe e pinte a simétrica das letras, ou seja, a imagem refletida no espelho.

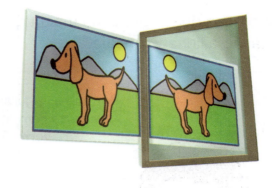

a)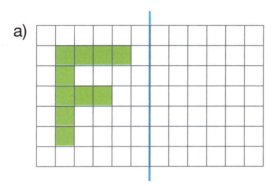

b)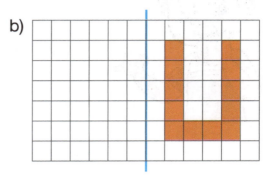

3 Em uma folha de papel sulfite, faça o que se pede.

a) Dobre a folha de papel sulfite em 4 partes iguais, como mostram as figuras.

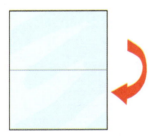 

 b) Desenhe o contorno de um quadrado como o da figura ao lado e recorte.

 c) Agora, desenhe como ficou a folha de papel após o recorte e trace com uma régua um eixo de simetria.

duzentos e cinquenta e nove

4 André fez duas figuras na malha quadriculada, mas elas não são simétricas em relação à linha vermelha.

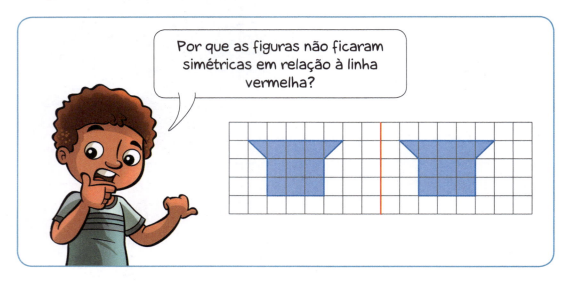

a) Explique por que as figuras de André não ficaram simétricas.

b) Agora, utilize a malha quadriculada abaixo e faça o desenho de André de modo que as figuras sejam simétricas em relação à linha vermelha.

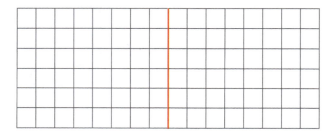

5 Contorne as figuras que são simétricas em relação à linha verde.

Mosaicos

Caio e Melissa estão construindo mosaicos.

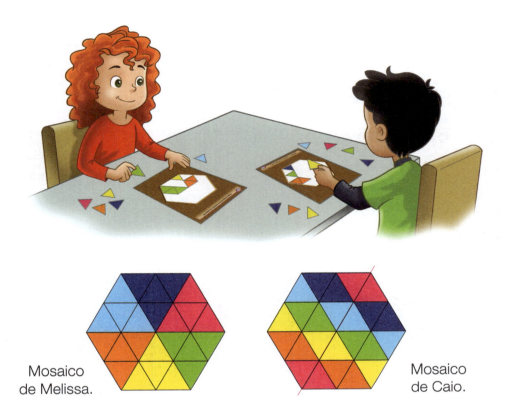

Mosaico de Melissa.

Mosaico de Caio.

O mosaico que Caio construiu tem um eixo de simetria, já o mosaico de Melissa não tem eixo de simetria.

- Com uma régua, desenhe o eixo de simetria no mosaico que Caio fez.

> Mosaico é uma composição formada pela repetição de figuras que cobrem uma superfície sem sobreposição. Um mosaico pode ter um, vários ou nenhum eixo de simetria.

Atividades

1 Os mosaicos abaixo apresentam simetria. Trace pelo menos um eixo de simetria em cada mosaico.

a)

b)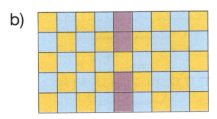

duzentos e sessenta e um **261**

2 Marina está com a mãe dela em uma exposição de mosaicos.

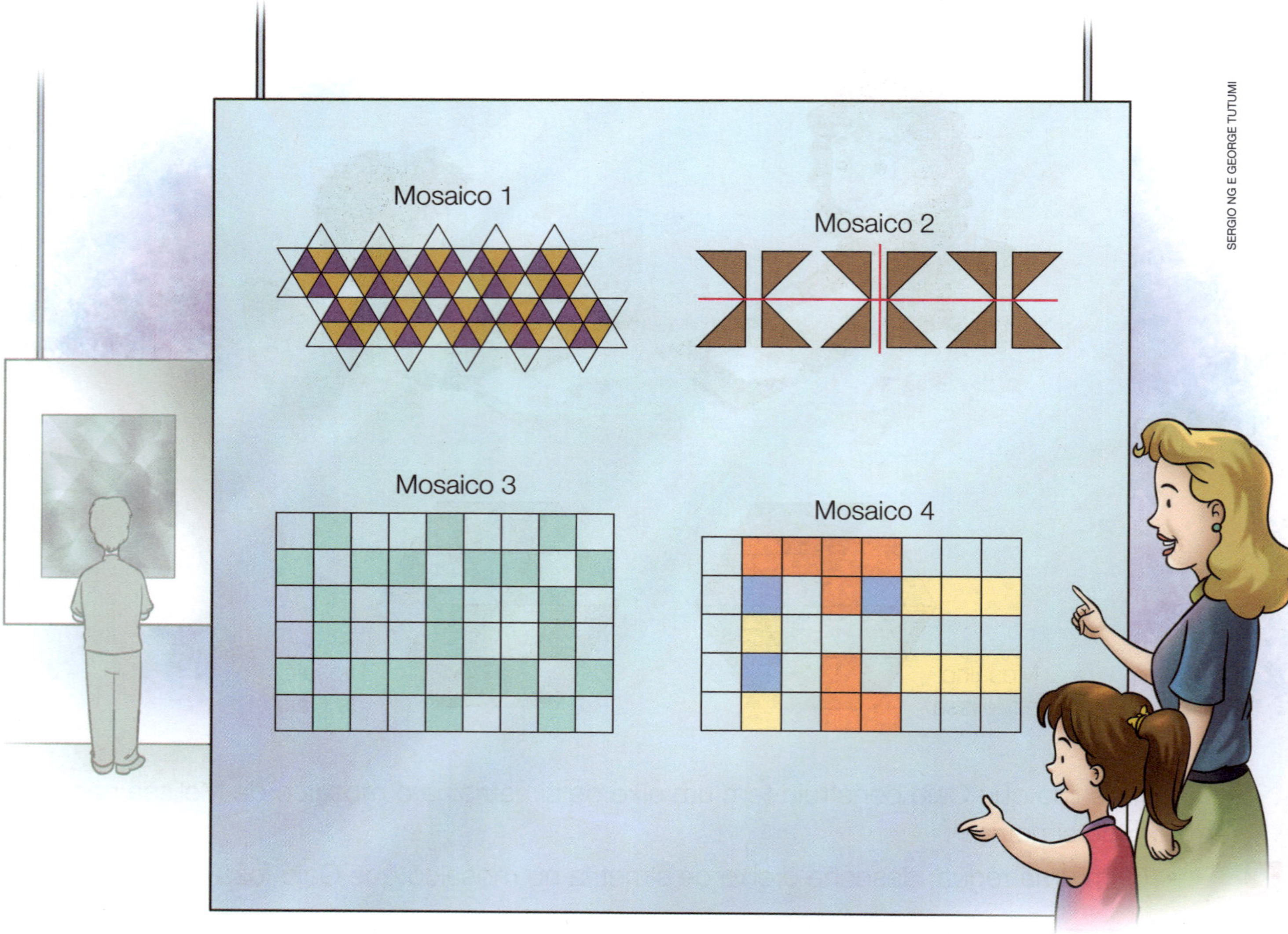

> **Importante**
>
> Um mosaico com padrão permite prosseguirmos desenhando e pintando as mesmas figuras, aumentando assim o mosaico.

a) Quais desses mosaicos apresentam uma sequência de figuras que formam um padrão?

_____

b) Qual desses mosaicos não apresenta padrão?

_____

c) Trace, com o auxílio de uma régua, dois eixos de simetria nos mosaicos em que for possível.

3 Pinte para completar os mosaicos sabendo que apresentam simetria em relação ao eixo azul.

a)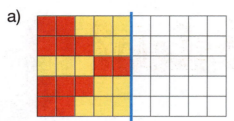

b)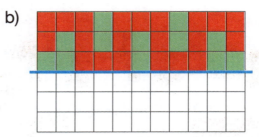

4 Crie e desenhe um mosaico que apresente um padrão elaborado por você.

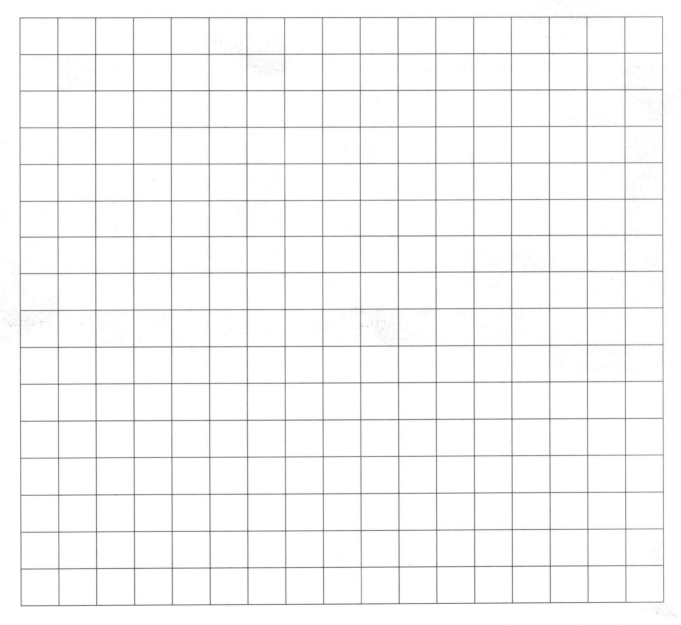

- Agora, peça a um colega que identifique o padrão que você elaborou e descubra quantas vezes esse padrão se repete.

duzentos e sessenta e três **263**

Matemática em textos

Leia

Vamos fazer uma baleia?

1º Pegue uma folha de formato quadrado.

2º Dobre-a ao meio, formando um triângulo.

3º Abra a folha e dobre um triângulo pequeno em uma das pontas.

4º Vire a folha e dobre uma ponta até a linha do meio, formando outro triângulo.

Responda

1. Qual é o formato do papel no 1º passo? Cite uma característica geométrica dessa figura.

2. Na dobradura, aparecem várias formas que se parecem com figuras planas. Quais figuras você identifica no 5º passo?

5º Faça o mesmo com a outra ponta, montando uma figura parecida com uma casquinha de sorvete.

6º Dobre o papel ao meio.

7º Dobre para formar um novo triângulo como na imagem acima.

8º Dobre o rabinho para cima.

9º Agora você pode decorá-la como quiser!

• **Analise**

A baleia-azul é o maior mamífero do mundo e corre risco de extinção. Você sabe por quê? Faça uma pesquisa e registre sua conclusão.

• **Aplique**

Cole sua dobradura em uma folha branca e faça um cenário para sua baleia.

duzentos e sessenta e cinco 265

Compreender informações

Interpretar dados em gráfico de barras duplas

1. Observe o gráfico que Rosana fez com base nos dados dos dois primeiros dias da campanha de doação de roupas de seu município.

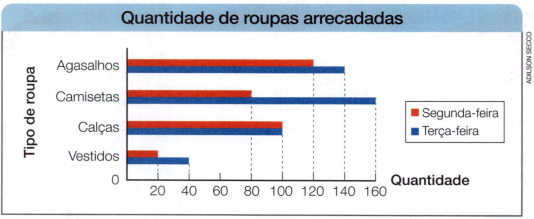

Fonte: Anotações de Rosana (jun. 2017).

- Agora, responda às questões.

    a) Qual foi o tema da pesquisa de Rosana? _____

    b) O que indicam as barras de cor vermelha? Como você descobriu isso?
    _____

    c) Qual foi o tipo de roupa que teve a mesma quantidade de peças arrecadadas na segunda-feira e na terça-feira? _____

    d) Quais foram os tipos de roupa cuja quantidade arrecadada na terça-feira foi o dobro da quantidade arrecadada na segunda-feira? _____

    e) Como você descreveria uma comparação entre as arrecadações nesses dois dias a um colega que não tem acesso a esse gráfico?
    _____

2 Em uma cidade, o serviço de meteorologia registra a temperatura máxima e a mínima em cada mês do ano. Observe o gráfico com essas temperaturas nos primeiros seis meses do ano de 2018 e faça o que se pede.

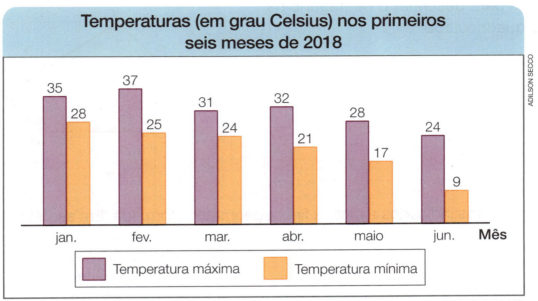

Fonte: Serviço de meteorologia (jul. 2018).

a) Que mês teve a temperatura máxima mais alta? _____

b) Que mês teve a temperatura mínima mais baixa? _____

c) Faça de conta que você é locutor de uma estação de rádio e está apresentando um programa no qual deve falar sobre como é o tempo nessa cidade.
Preencha o balão com o que você falaria nesse programa.
Invente um nome para a cidade e para a estação de rádio.

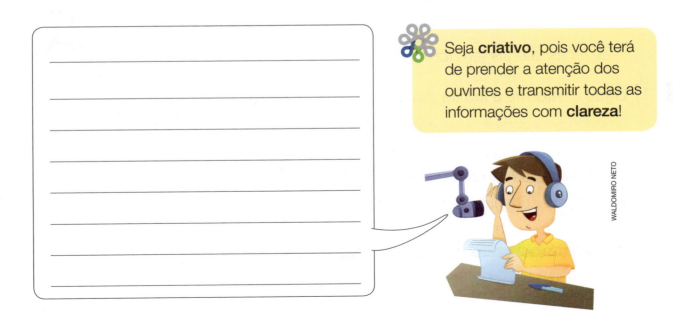

Seja **criativo**, pois você terá de prender a atenção dos ouvintes e transmitir todas as informações com **clareza**!

Pratique mais

1 Identifique e escreva os segmentos de reta traçados para desenhar o pentágono na malha quadriculada.

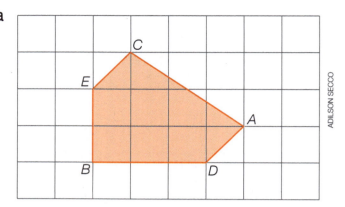

_____

_____

_____

_____

2 Ligue os pontos indicados e pinte a figura geométrica formada. Em seguida, complete.

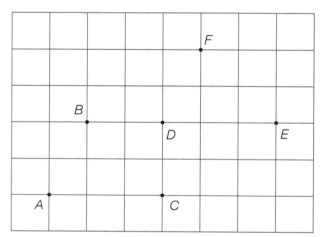

Com uma régua, ligue os pontos para obter os segmentos de reta: $\overline{AB}$, $\overline{AC}$, $\overline{AD}$, $\overline{BC}$, $\overline{BF}$, $\overline{CE}$, $\overline{DF}$, $\overline{DE}$ e $\overline{EF}$.

- A figura que você desenhou é um _____;

  as bases têm forma de _____, e

  as faces laterais têm forma de _____.

3 Ligue conforme a indicação e pinte a figura obtida.

Ligue: A com B, F e G; B com C e H; C com D e I; D com E e J; E com F e K; F com L; G com L e H; H com I; I com J; J com K; e K com L.

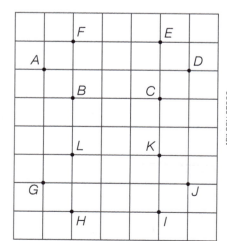

- Que figura geométrica você representou na malha?

_____

Cálculo mental

1 Cada barra representa uma fita de 1 metro de comprimento. Indique em cada uma as medidas na forma de fração e na forma decimal.

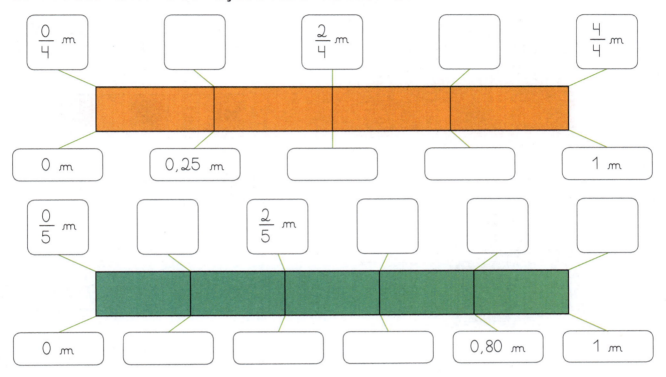

2 Observe a regra e dê "saltos" na reta numérica, completando-a.

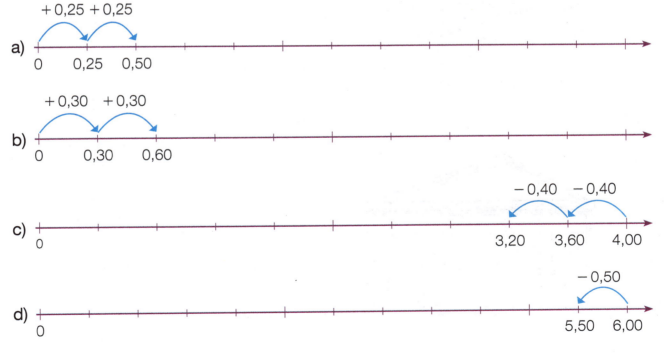

O que você aprendeu

1 Marque com um **X** os desenhos que não apresentam simetria.

a) ☐

b) ☐

c) ☐

d) ☐

Para responder às questões 2 a 4, observe a malha quadriculada e o texto a seguir.

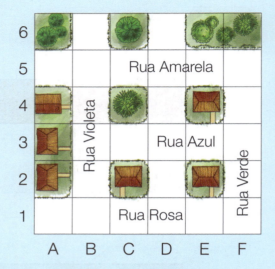

Adriano saiu da casa dele e seguiu estas indicações: virou à esquerda e seguiu em frente pela Rua Azul, depois entrou à direita na Rua Verde. Então, seguiu em frente até o final da rua.

2 Qual é a localização da casa de Adriano?

a) ☐ E4   c) ☐ C2

b) ☐ A3   d) ☐ E2

3 Assinale a alternativa **falsa**.

a) ☐ A Rua Amarela e a Rua Rosa lembram retas paralelas.

b) ☐ A Rua Violeta e a Rua Verde lembram retas concorrentes.

c) ☐ A Rua Rosa e a Rua Violeta lembram retas perpendiculares.

d) ☐ A Rua Violeta e a Rua Amarela não lembram retas paralelas.

4 Qual é a localização do lugar aonde ele chegou?

a) ☐ F5   c) ☐ D6
b) ☐ B3   d) ☐ F1

5 O que você pode dizer sobre duas retas concorrentes?

a) ☐ Nunca se cruzam.
b) ☐ Podem se cruzar em dois pontos.
c) ☐ Têm três pontos em comum.
d) ☐ Sempre se cruzam em um único ponto.

6 Ao ligar estes pontos com uma régua, é possível formar, no máximo:

A •   B •

• C

• E

• D

a) ☐ 5 segmentos de reta.
b) ☐ 7 segmentos de reta.
c) ☐ 10 segmentos de reta.
d) ☐ 9 segmentos de reta.

Quebra-cuca

Pinte a figura abaixo com quatro cores diferentes e forme um mosaico.

Atenção!
- As linhas pretas sempre separam cores diferentes.
- O mosaico tem um eixo de simetria vertical e outro horizontal.

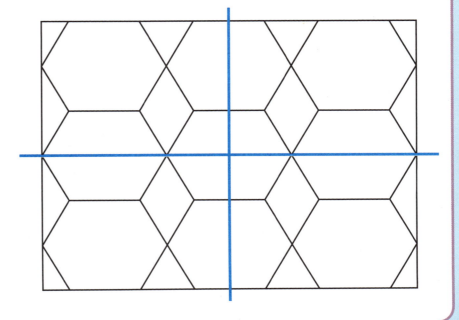

duzentos e setenta e um **271**